MY FIRST BOOK OF **BASKETBALL**

나의 첫 번째
농구책

초심자를 위한

농구 가이드

양희연

나의 첫 번째 농구책

농구를 잘하고 싶은 초심자들에게 :
농구공을 처음 잡았을 때

PROLOGUE

초등학교 4학년 시절 어느 날, 같은 반 친구가 누가 찾아왔다며 복도 계단으로 날 데리고 갔다. 어떤 키 큰 아저씨가 농구를 아냐고 물어봤다. "아니요, 농구 모르는데요."하니 그럼 친구들과 함께 놀러 오라며 농구팀이 있는 학교를 알려주고 가셨다. 그 후 농구가 뭔지 궁금해했던 친구 3명과 함께 그 학교를 찾아갔다. 하늘 위에 매달린 바구니 같은 골대에 공을 넣어보겠다고 친구들과 공을 던지며 놀았다. 한창 하다 보니 팔다리도 아파오고, 공이 들어갈듯 말듯한 얄미운 순간들, 친구들끼리 서로 자기가 던지겠다고 나, 나, 나 하던 모습, 무엇이 좋았는지 깔깔거리며 몇 십 번을 던졌던 것 같다. 그러나 마침내 들어간 한 골의 느낌은 감동과 희열의 재미로 다가왔다.

그날이 인생에서 처음으로 농구공을 잡아 본 날이었다.

다음날 친구들과 계속 농구 얘기를 했다. 그날의 여운이 우리에게 무척 컸던 것 같다. 나는 엄마한테 물었다. "엄마, 나 농구해도 돼?" 엄마는 단호했다. "안돼" 엄마는 그때 내가 너무 마르고, 체력도 없고, 여자가 운동한다는 것도 탐탁지 않게 생각하셨다. 그런데 농구 생각이 자꾸 나서 여러 번 엄마한테 말했다, 농구하고 싶다고, 엄마는 학교 수업이 끝나고 가서 농구하는 걸 허락해줬다. 친구 한 명이랑 학교 수업을 마치고 농구팀이 있는 학교로 매일 갔다.

학교 농구팀에는 언니들 말고도 몇 명의 오빠들도 있었다. 지금 생각하면 남자팀은 해체하기 바로 전이었던 것 같다. 친구랑 갈 때마다 오빠들이 우리랑 같이 놀면서 농구하는 법을 알려줬다. 공 잡는 것, 슛하는 것, 뺏는 것, 피하는 것, 등등. 오빠들과 노는 시간이 너무 재미있었다. 그렇게 몇 주가 지나자 농구선수가 되고 싶다는 생각이 들었다.

　　엄마한테 용기내서 말했다. "엄마, 나 전학시켜줘" 엄마는 다시 "안 된다"고 했다. 전학이 쉬운 게 아니라고, 혼자 갈 수 없다고. 난 포기하지 않고 전학가고 싶다고, 농구선수 하고 싶다고 엄마를 졸랐다. 엄마는 못 이기는 척 전학을 시켜주겠다고 했다. 대신 아침에 알아서 일찍 일어나고, 힘들면 바로 그만 두라고 했다. 그렇게 나는 처음 농구공을 잡은 지 얼마 지나지 않아 농구선수로 입문하게 되었다.

　　농구선수가 되기 위해 전학을 했지만 처음부터 부모님의 전폭적인 지원을 받진 못했다. 엄마 아빠는 내가 몸이 마르고 약해서 금방 운동을 그만 두지 않을까 염려하셨다. 그렇게 시간이 흘러 4학년이 끝나갈 무렵, 언니들의 마지막 대회가 있던 날, 코치 선생님이 날 시합에 출전시켰다. 아직도 기억에 생생한 첫 대회 출전, 코치 선생님이 내 이름을 부르는 순간부터 가슴이 뛰었다. 어떡해, 어떡해, 무엇부터 해야 할지, 뭘 해야 할지 생각은 안 나고 심장은 터질 것 같던 그 느낌.

　　드디어 출전! 나에게 볼이 왔다, 속공 찬스. 나도 모르게 골대를 향해 드리블을 하며 달려가 레이업을 했다. 삑! 소리와 함께 내 눈이 떠진 것 같다. 눈을 감고 레이업을 했고, 파울이 선언 되면서 자유투 2개를 얻었다.

　　처음으로 하는 자유투. 뭔 일이지, 어떻게 된 거지, 얼떨떨한 기분으로 자유투 라인에 섰다. 평소 배운 대로 볼을 던졌다. 첫 번째는 노골, 두 번째는 골인! 생애 첫 득점, 너무 기뻤다. 또 한 번의 레이업 시도로 다시 자유투를 얻어 3득점으로 내 인생 첫 게임을 마무리 했다.

집에 오는 내내 기분이 너무 좋았다. 엄마는 농구용품점에 날 데리고 가서 농구화와 운동에 필요한 용품을 사주셨다. 그날 이후 모든 가족들의 전폭적인 지지와 함께 운동을 하기 시작했다. 처음 출전한 대회에서 뭘 어떻게 해야 할지 갈피를 못 잡으면서도 득점까지 할 수 있었던 건 반복해서 훈련한 연습량 덕분인 것 같다. 그 시절 초등학교에서는 기본적인 동작과 기술에 대해 훈련을 많이 했다. 다양한 것을 배우고 반복해서 연습하는 것이 힘들었지만, 새로운 동작과 기술을 내 것으로 소화해서 시합에서 활용하는 것이 즐겁고 행복했다.

이 책을 통해 많은 이들이 농구를 처음 배울 때의 즐거움을 차근차근 느끼게 되기를 바란다. 처음부터 화려한 기술을 선보일 수는 없겠지만 책에서 다루는 기초적인 기술들을 하나씩 자신의 것으로 만들어간다면 자연스럽게 화려한 기술을 발휘하게 될 것이다.

목차

들어가기에 앞서

농구를 잘하고 싶은 초심자들에게 :
농구공을 처음 잡았을 때 ········ 4

입문하기 전 기억하라 ········ 14
농구에 입문했다면 기본기부터 쌓자 ········ 16
지도자가 갖춰야 할 자세 ········ 18
나만의 루틴을 만드는 법 ········ 20
목표설정의 효과 ········ 22
목표설정 10계명 ········ 23
주요 농구 규칙 ········ 24
파울 ········ 26
부상예방을 위한 필수 운동 ········ 27
5대5 농구 ········ 28
3x3 농구 ········ 29
3x3 주요 규칙 ········ 30

이 책을 내는 이유 ········ 176

° 이 책을 읽는 법
- 각 장의 왼쪽 상단 QR코드에 들어가면 동작 영상을 확인하실 수 있습니다.
- 동작 영상은 책의 지적재산권이므로 무단 공유 및 무단복제를 금합니다.

1 기초근력운동

① 카프레이즈 34
② 스쿼트 35
③ 런지 36
④ 볼 잡고 런지 37
⑤ 벽 짚고 하이피치 38
⑥ 제자리 점프 39
⑦ 한발 사이드 점프 40
⑧ 서서 중심 잡기 41

2 볼 잡는 법 & 볼 컨트롤

- 볼 잡는 법 44
- 볼 컨트롤 Ball Control

① 손가락 공 꼬집기 46
② 허리 돌리기 47
③ 무릎 돌리기 48
④ 무릎 8자 돌리기 49
⑤ 손목 스냅 일자 컨트롤 50
⑥ 손목 스냅 크로스 컨트롤 51
⑦ 바나나킥 52

3 슛 Shoot

① 원핸드 슛 One Hand Shoot 56
　◦ 슛폼 58
　◦ 슛폼 스핀 운동 60
② 투핸드 슛 Two Hand Shoot 62
③ 스텝 Step 64
　◦ 투스텝 슛 Two Step Shoot 66
④ 골밑슛 Under Basket Shoot 68
⑤ 골밑 언더 / 백업슛 Under Basket Under/ Back-up Shoot ... 70
⑥ 골밑 스텝 인 언더슛 Under Basket Step-in Under Shoot ... 72
⑦ 골밑 스텝 아웃 언더슛 Under Basket Step-out Under Shoot ... 74

- ⑧ 드리블 레이업 숏 Dribble Lay-up Shoot ········ 76
  - 러닝 스텝 레이업 Running Step Lay-up ········ 78
  - 파워 스텝 레이업 Power Step Lay-up ········ 82
  - 패스 페이크 레이업 Pass Fake Lay-up ········ 86
  - 리버스 레이업 Reverse Lay-up ········ 90
  - 원핸드 레이업 One Hand Lay-up ········ 94
- ⑨ 드라이브-인 스텝 & 자세 Drive-in ········ 98
- ⑩ 포스트-업 Post-up ········ 100
  - 등지고 포스트-업 ········ 100
  - 포스트-업 & 터닝 숏 ········ 104
  - 포스트-업 & 인사이드 피벗 숏 ········ 108
- 레이업 연습방법 ········ 112

4 드리블 Dribble

- ① 드리블 하는 방법 ········ 116
- ② 기초 드리블 Basic dribble ········ 117
  - 드리블 Dribble ········ 117
  - V 드리블 V Dribble ········ 118
  - 크로스오버 드리블 Crossover Dribble ········ 120
  - 앞/뒤 드리블 Front & Back Dribble ········ 121
- ③ 볼 2개 기초 드리블 ········ 122
  - 드리블 Dribble ········ 122
  - V 드리블 V Dribble ········ 123
  - 앞/뒤 드리블 Front & Back Dribble ········ 124
  - 강/약 드리블 High & Low Dribble ········ 125
- ④ 드리블 런 Dribble Run ········ 126
- ⑤ 비하인드 백 드리블 Behind Back Dribble ········ 128
  - 제자리 비하인드 백 드리블 ········ 128
  - 스피드 비하인드 백 드리블 ········ 129
- ⑥ 스핀 무브 드리블 Spin Move Dribble ········ 130
- ⑦ 레그 스루 드리블 Leg Through Dribble ········ 131
- 드리블 연습방법 1 ········ 132
- 드리블 연습방법 2 ········ 134

5 패스 Pass

① 체스트 패스 Chest Pass — 139
② 바운드 패스 Bound Pass — 140
③ 원핸드 패스 One Hand Pass — 141
④ 원핸드 바운드 패스 One Hand Bound Pass — 142
⑤ 오버 패스 Over Pass — 143
⑥ 원드리블 패스 One Dribble Pass — 144
⑦ 언더 패스 Under Pass — 146
⑧ Give & Go Pass — 147
⑨ 삼각 패스 — 148

6 리바운드 Rebound

① 박스아웃 리바운드 Box out Rebound — 152
② 투핸드 캐치 리바운드 Two Hand Catch Rebound — 154
③ 원핸드 캐치 리바운드 One Hand Catch Rebound — 156

7 피벗 Pivot

① 인사이드 피벗 In-side Pivot — 160
② 아웃사이드 피벗 Out-side Pivot — 161
③ 페이크 피벗 Fake Pivot — 162

8 디펜스 Defense

① 디펜스 자세 Defence Stance — 168
② 볼맨 디펜스 자세 Ball Man Defence Stance — 168
③ 사이드 스텝 Side Step — 169
④ 크로스 스텝 Cross Step — 170
⑤ 사이드 스텝 & 점핑 크로스 스텝 & 사이드 스텝 — 171
　　Side Step & Jumping Cross Step & Side Step
⑥ 디펜스 응용연습 — 172

부록

풀코트 작전노트
하프코트 작전노트
훈련일지

들어가기에 앞서

입문하기 전 기억하라

**신발의
중요성을
알라**

농구는 스텝을 많이 사용해 기술을 극대화하는 운동이다. 초보자일수록 발과 농구화가 하나가 될 수 있도록 신발 끈을 꽉! 묶어주고, 발목을 꽉! 잡아줄 수 있는 신발을 선택해야 한다. 발목 근육에 힘이 뒷받침되지 않으면 스텝을 잡을 때 발목을 삐끗하거나 상대에 의해 겹질리기 쉽다.

자신의 발보다 사이즈가 큰 운동화를 선택했다면 스텝을 잡고 점프할 때, 발이 신발 안에서 밀리면서 발바닥에 물집이나 발톱에 멍이 생기고, 발톱이 빠질 수 있다. 반대로 작은 운동화를 선택했다면 발가락의 변형이나 발톱에 멍이 생길 수 있고, 발톱이 빠질 수 있다. 그래서 처음 농구에 입문하는 사람은 농구화를 선택할 때 매장에서 직접 농구화를 신어본 다음 결정할 것을 권한다. 처음부터 농구화를 신기 어렵다면 굽이 높지 않고 발바닥 쿠셔닝이 충분한 운동화를 신는 것이 좋다. 쿠셔닝이 얇은 신발은 족저근막염에 걸릴 위험이 높고, 굽이 높은 신발은 발목을 접질릴 확률이 높기 때문에 피해야 한다.

자기 발의 길이와 볼의 너비와 높이를 고려해야 하고, 운동용 양말을 착용하고 신는 걸 가정해야 하므로 아무래도 직접 신어보고 발 크기에 맞으면서도 편한 신발을 고르는 것이 좋다. 농구는 방향 전환, 점프, 스타트 등 발목 힘을 사용하는 동작들이 많기 때문에 내 발에 맞는 신발을 고르는 것이 부상을 예방하는 첫걸음이다.

**손의
중요성을
알라**

농구는 도구를 이용하지 않고 맨손으로 공을 다루는 종목이기 때문에 손을 잘 보호하는 것이 중요하다. 농구에 처음 입문한 사람들은 공이 오기 전 손부터 내밀거나, 패스를 제대로 받지 못해 손가락을 다치거나, 슛이나 패스 연습을 하다 팔목을 삐기도 한다. 부상을 피하고 농구의 즐거움을 제대로 느끼기 위해 손을 아끼고, 보호하면서 소도구를 이용해 손가락과 손목의 근력 연습을 틈틈이 해야 한다.

체력이 기본임을 알라

체력은 그릇과 같다. 크기에 따라 담을 수 있는 양이 달라지기 때문이다. 그런데 크기가 그냥 키워지진 않는다. 생활습관부터 식단조절까지 자기와의 싸움을 거쳐야 하기 때문이다. 그래서 선수들도 체력훈련을 가장 힘들어한다. 농구는 몸싸움이 허용되는 종목이기 때문에 상대방과의 몸싸움을 견디거나 이길 수 있는 체력이 필요하다. 유산소운동과 근력운동과 같은 체력훈련은 기술 향상에도 도움을 준다.

자신만의 '루틴'을 만들어라

'루틴'은 습관이나 버릇처럼 자연스럽게 몸 밖으로 나오는 동작이다. 루틴을 만들기 위해선 기초 동작을 연습할 때 한 동작 한 동작마다 머릿속으로 되새김질해야 한다. 이렇게 수백 번, 수천 번 연습하면 경기 중에 생각하지 않고도 동작이 자연스럽게 절로 나온다.

이미지 트레이닝을 하라

이미지 트레이닝은 실제 운동 효과로 이어져서 심리기술 훈련으로도 활용된다. 운동할 시간이 없을 때 평소 자기 전에 이미지 트레이닝을 하면 좋다.

예) 눈을 감고 머릿속으로 연습하는 상황을 천천히 상상하며 연습한다.
- 비하인드 백 드리블 해야 하는데 잘 안 될 때, 성공하는 모습을 반복해서 그려본다.
- 눈을 감고 골대와 슛라인을 그린 다음 슛팅하는 모습을 그려본다. 자세 / 손모양에 대해 자세하게 이미지를 그린다.

농구에 입문했다면 기본기부터 쌓자

현란한 드리블이나 화려한 퍼포먼스에 반해 농구에 입문하는 경우가 적지 않다. 그런데 이들 중 기본기도 갖추지 않은 채 처음부터 화려한 기술을 구사하려는 사람들이 있다. 선수들이 코트에서 선보이는 화려한 퍼포먼스는 몇 년에 걸쳐 수천, 수만 번 반복한 연습으로 만들어진 것이다. 선수들처럼 화려한 기술을 구사하고 싶다면 기본기부터 쌓아야 한다.

**첫째,
농구공과
친해져라**

맨손으로 공을 다루는 농구는 손으로 얼마나 공을 잘 컨트롤 하느냐에 따라 기술의 수준도 달라진다. 공을 잡는 법과 공의 원리를 정확히 이해하면 농구를 더 잘 할 수 있다.

**둘째,
농구에 맞는
신체를
만들어라**

기술을 구사하기 위해서는 근력과 유연성이 필요하다. 이것이 갖춰지지 않은 상태에서 기술을 구사하면 퍼포먼스가 제대로 나오지 않고 부상을 당할 위험도 높다. 근력이 약하면 상대방과의 몸싸움에서 밀리거나 중심을 잃어 동작이 정확하지 않을 수 있고, 유연성이 부족하면 동작이 큰 기술을 구사하기 어렵다. 신체적 자존감도 농구를 하는 데 중요하다.

**셋째,
스텝과 밸런스
연습을 꾸준히
하라**

농구의 스텝은 탑을 쌓는 것처럼 기본 스텝을 바탕으로 점프와 방향 전환을 응용하는 방식으로 종류가 다양해진다. 그래서 첫 스텝을 제대로 배우는 것이 매우 중요하다. 그래야 무게중심을 잡고, 방향을 전환하거나 이동하면서 몸싸움에서 밀리지 않을 수 있기 때문이다.

**넷째,
슛연습을
많이 하라**

슛은 팔로 하는 것 같지만 하체가 하는 것이라 할 정도로 하체의 역할이 더 크다. 하체가 뒷받침되어야 어떤 위치에서든, 어떤 동작으로든 정확도가 높은 슛을 할 수 있기 때문이다. 따라서 슛연습을 할 때 언제든지 슛을 할 수 있는 하체의 힘과 밸런스를 만드는 것을 목표로 하체 운동을 해야 한다.

**다섯째,
점프연습을
하라**

지면에서 3.05m 높이에 있는 림에 공을 넣어 득점하기 위해 슛을 하거나 림을 맞고 나오는 공을 리바운드하기 위해서는 점프를 잘 해야 한다. 림에 더 가까이 가거나 튀어나오는 공을 먼저 잡기 위해서는 조금이라도 더 먼저 그리고 높이 점프해야 하기 때문이다.
더블 클러치나 플로터 등의 기술을 구사하려면 체공시간이 길어야 하기 때문에 점프연습을 꾸준히 해야 한다.

지도자가 갖춰야 할 자세

**첫째,
일관성을
갖춰라**

일관된 지도자의 태도와 언행을 갖추는 것이 중요하다. 이를 위해 지도하기에 앞서 지도자로서 전달하고 싶은 철학, 방법, 규칙 등을 먼저 정리해 보는 것이 좋다. 지도할 때마다 설명을 다르게 하면 안 되고, 피드백을 줄 때도 부정적인 피드백보다는 긍정인 피드백을 주는 것이 좋다.

**둘째,
구체적인
표현으로
설명하라**

지도하는 내용에 대해 방향만 알려주는 것이 아니라 어떻게 할 수 있는지 구체적으로 설명해야 한다. 만약 대상자가 지도내용을 이해하지 못했다면 지도자의 표현이나 전달 방식이 적절하지 않은 것이다. 대상자가 이해를 못 한다고 생각하지 말고 표현을 제대로 못 했는지부터 돌아봐야 한다.

**셋째,
반복적이고
지속적인
피드백을 줘라**

설명 한 번으로 지도가 완성되기는 힘들다. 대상자가 지도내용을 이해하고 숙달할 때까지 꾸준히 피드백을 주고 관찰해야 한다. 첫 루틴을 잘 만들어야 그것을 토대로 기술향상이 잘 이루어질 수 있기 때문에 처음 입문한 대상자에게 더 자주 피드백을 주어야 한다.

**넷째,
스스로 생각하고
반복해서 연습할
시간를 줘라**

운동은 대상자 스스로 하는 것이다. 대상자가 직접 생각하고 실행해 볼 수 있는 환경을 만들어줘야 한다. 지도자의 지시에 따른 일률적인 연습 외에도 대상자 스스로 반복해서 연습할 수 있는 시간과 환경을 만들어줘야 한다.

**다섯째,
지도자들의
모임을
만들어라**

지도자는 혼자서 많은 일을 하므로 번아웃에 빠지거나 좁은 시야에 갇히기 쉽다. 지도자들끼리의 모임을 통해 다른 지도자들과 경쟁자가 아닌 동료로서 교류하는 기회를 만들어야 한다.

나만의 루틴을 만드는 법

모든 일이 그러하듯 농구를 시작하게 되는 계기도 여러 가지다. 건강을 위해, 함께하고 싶은 친구가 있어서, 멋있어서, 재미있어 보여서 등. 이렇게 다양한 이유로 시작하더라도 계속하다 보면 그저 흥미만으로 운동할 수 없는 순간이 찾아온다. 더 멋지고 화려한 기술을 시도하고 싶어질 때 부족한 기본기와 한계를 발견한다. 이때부터 농구는 본격적으로 시작된다.

무언가를 지속해서 하기 위해서는 이루고자 하는 목표를 세우고 그것을 달성해가는 과정이 필요하다. 하나의 기술을 완성하려면 동작을 수백, 수천 번 반복해서 훈련하는 과정이 필요하다. 체력이 뒷받침될수록 더 많은 기술을 습득할 수 있고, 실제 경기에서도 필요할 때 원하는 기술을 구사할 수 있기 때문에 체력훈련도 중요하다. 그런데 이 과정은 힘들어서 의욕과 열정을 가지고 시작하더라도, '이걸 계속해야 하나', '너무 재미없어'하고 포기와 타협을 고민하는 순간이 다가온다.

이런 상황을 피하고 지속적인 동기부여를 하기 위해서는 내가 무엇을, 얼마나, 어떻게 할 것인지 구체적으로 계획을 수립하고 연습하는 것이 좋다. '농구 잘하는 사람', '프로선수', '국가대표' 같은 목표가 아니라, '무엇을 잘하는 선수'와 같은 뚜렷한 목표를 정하고, 이를 이루기 위한 단기목표(일주일-일개월)와 중기목표(일개월-육개월)를 단계적으로 계획하고 연습하는 것이 좋다.

	나의 목표
장기목표	
중기목표 (한 달 ~ 6개월)	
단기목표 (일주일 ~ 한 달)	

* 구체적으로 적어보세요
* 측정이 가능한 단위로 정해보세요 ⋯▶ 무엇을 몇 개, 몇 세트 할 것인지 구체적으로
* 조정가능 합니다 ⋯▶ 목표를 정했다고 꼭 그것만 고집하지 않아도 됩니다
* 현실적으로 정해보세요 ⋯▶ 상황과 환경에 맞게 해주세요
* 시간을 정하세요 ⋯▶ 언제까지, 몇 시간, 몇 분동안 할 것인지 정확하게 정하세요

목표설정의 효과

1   목표는 수행을 향상시킨다.

2   목표는 연습의 질을 높인다.

3   목표는 무엇을 달성할 것인지 명확하게 해준다.

4   목표는 도전감을 주므로 훈련의 지루함을 덜어준다.

5   목표는 달성하고자 하는 내적 동기를 높인다.

6   목표는 긍지, 만족감 및 자신감을 향상시킨다.

* 출처: 스포츠심리학의 이해, 정청희, 김병준 공저, 금광출판사

목표설정 10계명

1　구체적인 목표를 설정하라.
측정 가능하고 구체적으로 진술 되어야 한다

2　장기 목표와 아울러 단기 목표도 정하라.
점진적, 단계적으로 쉬운 것부터 어려운 것으로

3　실현 가능한 목표를 설정하라.
개인의 능력 안에서 노력하면 이룰 수 있는 목표

4　수행목표를 설정하라.
결과 목표가 아닌 한 단계 한 단계 목표를 정해야 한다

5　목표달성을 위한 지원책을 마련하라.
다른 사람들의 지원과 격려, 감시

6　목표달성을 위한 '전략'을 개발하라.
무엇을, 어떻게 할 것인지 정하라

7　긍정적인 목표를 설정하라.
슛 성공률을 높이겠다, 드리블을 자연스럽게 만들겠다

8　목표를 기록하라.
진행 사항을 기록하여 목표달성을 상기시킨다

9　참가자의 성격을 고려하라.
개인에 따라 다른 성취 동기, 취향을 고려해야한다

10　목표달성 여부를 평가하라.
목표의 달성은 현재 상황에 대한 피드백 제시

* 출처: 스포츠심리학의 이해, 정청희, 김병준 공저, 금광출판사

주요 농구 규칙

농구 경기
농구 경기는 각 5명씩으로 구성된 두 팀이 플레이하는 것이다.

팀
각 팀은 12명의 선수 (선발 5명, 교체 7명)로 구성한다.
팀 선수 최대12명, 교체선수 7명이하도 가능

경기심판
주심 1명, 부심 2명, 계시원/기록원으로 구성한다.

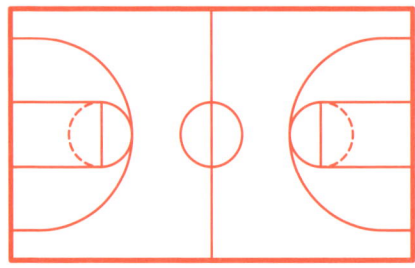

경기시간
쿼터 당 10분씩 총 4쿼터.

득점
자유투 1점, 슛은 2점, 3점 라인 밖에서 3점

타임아웃
전반전 (1-2쿼터) 2회 허용, 후반전 (3-4쿼터) 3회 허용. 연장전마다 1회 허용

바이얼레이션 Violation
파울에 속하지 않는 규칙 위반
정해진 갯수는 없지만 공격권이 상대방에게 넘어간다.

하프라인 바이얼레이션
Half-line Violation
하프라인을 넘어간 공을 가지고 다시 자기편 코트로 되돌아간 경우
(중학교 이상)

아웃 오브 바운드 Out of Bound
선수의 아웃 오브 바운드
- 공을 소유한 선수의 신체 일부분이 경계선 상이나 경계선 밖의 바닥에 닿을 경우

볼의 아웃 오브 바운드
- 경계선 상이나 경계선 밖의 바닥에 공이 닿는 경우
- 백보드 지지대나 백보드 뒷면, 또는 경기 코트 위의 어떤 물체에 닿는 경우

트래블링 Traveling
공을 가진 상태에서 드리블하지 않고 3보 이상 걸었을 경우

더블 드리블 Double Dribble
드리블하던 공을 잡았다가 다시 드리블하는 경우

킥볼 Kick ball
의도적으로 공을 발로 차는 경우

드로우인 Throw-in
라인 밖에서 안으로 패스하는 것

3초 룰 Three Seconds
공격제한 구역에 공격자가 3초 이상 머물러서는 안됨

5초 룰 Five Seconds
5초 이상 공을 잡고 있으면 안 되고, 드로인을 5초 이내에 해야 함

8초 룰 Eight Seconds
하프라인을 8초 이내에 넘어가야 함

24초 룰 Twenty-four Seconds
공격팀은 24초 이내에 림에 슛을 해야 함

* 출처: wkbl 홈페이지

파울

개인 파울 5개 퇴장,
팀 파울 쿼터 당 5개 이상 자유투

퍼스널 파울 Personal Foul
부당한 신체 접촉에 의한 파울

푸싱 Pushing
상대를 밀었을 때

하킹 Hacking
상대선수의 팔. 가슴 또는 신체 부위를 때린 경우

차징 Charging
무리하게 상대방 선수와 부딪히는 경우

테크니컬 파울 Technical Foul
선수뿐만 아니라 팀 관계자가 스포츠맨 정신에 위반되거나 페어플레이 정신에 어긋난 행동을 할 경우 부과되는 파울 (자유투 1개와 공격권 주어짐)

언스포츠맨 라이크십 파울 Unsportsman Likeship Foul
스포츠 정신에 어긋난 고의적인 파울

팀 파울 Team Foul
각 쿼터 당 한팀의 반칙 5개째부터 상대팀에게 자유투 2개 주어짐

부상예방을 위한 필수 운동

1 스트레칭

운동 전 스트레칭은 몸에게 앞으로 움직일 범위를 예고하고, 체온을 높여 몸을 부드럽게 해 운동을 효과적으로 할 수 있도록 돕는다. 앉거나 서서 하는 스트레칭보다 움직이면서 하는 동적 스트레칭이 더 효과적이다. 운동 후 스트레칭은 근육에 노폐물(젖산)을 덜 쌓이게 하는 것으로 온몸을 이완한 상태에서 늘려주는 것이 좋다.

스트레칭은 하면 할수록 몸의 균형과 부상예방에 도움이 된다.

2 밸런스 & 코어운동

다른 근육이 아무리 튼튼해도 코어 근육이 약하면 동작의 파워를 만들어 내기 어렵고 신체 균형감각이 떨어진다.

TIP 잠들어 있던 온몸의 감각을 깨우고 자신의 몸을 잘 조절 할 수 있도록 만드는 것을 고유수용감각이라고 한다.

3 근력 운동

근력 운동은 퍼포먼스를 위한 근육운동만이 아닌 각 관절을 보호하기 위한 운동이 필요하다.

상대선수에게 밀리지 않고 지탱할 수 있는 힘을 기르는 **등척성 운동**
예) 벽밀기, 고정된 물건 들기 등 근육의 길이와 관절의 각도가 변하지 않는 상태의 운동

기술의 동작을 멋있게 만들기 위한 **등장성 운동**
예) 웨이트트레이닝 같은 근육의 길이가 짧아지거나 늘어나면서 힘을 발휘하는 운동

통증을 덜 유발시키는 **등속성 운동** 등으로 나뉜다.
예) '사이벡스'나 '이조맥스'같은 도구를 이용해 모든 각도에서 속도가 동일하게 유지하여 일어나는 근육의 수축운동

5대5 농구

선수 엔트리	12명 엔트리 5명 출전
경기시간	10분 4쿼터 / 연장전 5분씩 추가
득점	자유투 1점 / 3점라인 안 2점 / 라인 밖 3점
공격제한시간	24초
코트 (세로X가로)	15m x 28m
개인반칙	개인반칙 5개 퇴장
팀 반칙	쿼터당 5개 이상부터 자유투 2개

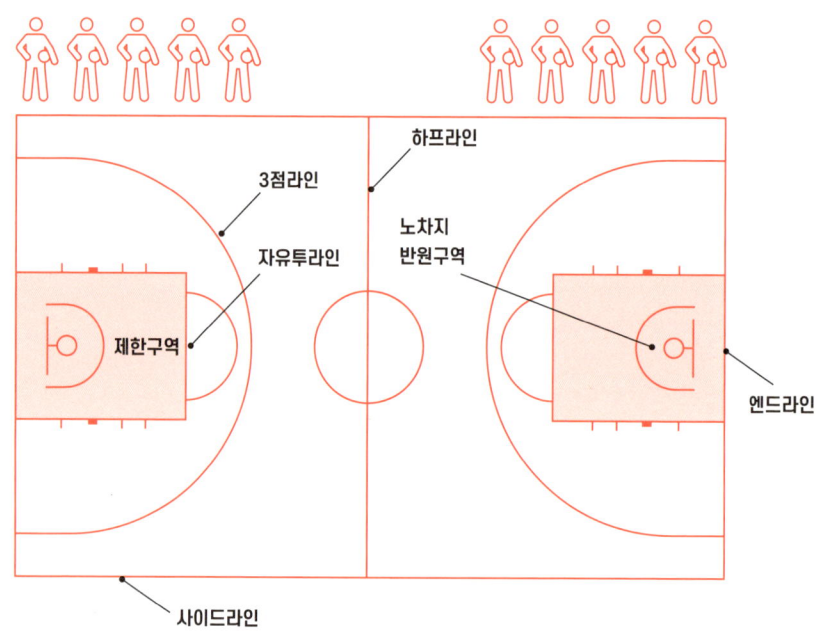

3대3 농구

선수 엔트리	4명 엔트리 3명출전
경기시간	10분 경기 (21점 득점시 경기종료) / 연장전 2득점 먼저 획득한 팀
득점	자유투 1점 / 아크라인 안 1점 / 아크라인 밖 2점
공격제한시간	12초
코트 (세로X가로)	15m x 11m
개인반칙	개인반칙 퇴장 없음
팀 반칙	전체 7개이상 자유투 2개 전체 10개 이상 자유투 2개, 공격권

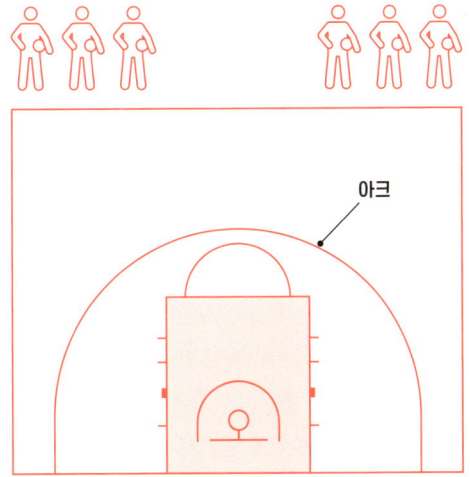

3x3 주요 규칙

팀
각 팀은 4명의 선수(선발 3명, 교체1명)로 구성한다.

경기심판
주심 1명 또는 2명과 계시원/기록원으로 구성한다.

경기시작
동전 던지기로 어느 팀이 공을 처음 소유할 지 결정한다.

득점 * 3x3는 3점라인을 아크라고 부른다.
- 모든 아크 안의 슛은 1점
- 모든 아크 밖의 슛은 2점
- 모든 자유투 성공은 1점

경기시간/경기승자
- 정규 경기 시간 10분
- 정규 경기 시간 종료 전 21점을 먼저 얻는 팀이 승리
- 경기 시간 종료 시 동점일 경우 연장전 진행, 연장전에서 2점 먼저 얻는 팀이 승리
- 공격제한 시간 12초
- 볼을 가진 공격자가 아크 내에서 바스켓을 뒤로 두거나 옆으로 두고 5초 이상 드리블 할 경우 바이얼레이션

선수교체
- 볼이 체크-볼 데드볼이 되면 어느 팀이든 선수를 교체할 수 있다.
- 교체선수는 자신의 팀 동료가 코트 밖으로 나오면 그와 신체를 접촉한 후 코트로 들어갈 수 있다.
- 선수 교체는 바스켓 맞은 편 엔드 라인 뒤에서만 할 수 있으며, 주심이나 테이블오피셜의 조치는 필요없다.

타임아웃
- 각 팀마다 한 번의 타임아웃이 허용된다.
  (데드볼 상황에서는 선수가 타임아웃 요청 가능)
- 모든 타임아웃은 30초

팀 순위
- 가장 많이 승리한 팀
- 일 대 일 대결에서 승리한 팀
- 가장 많은 평균 득점을 올린 팀
  위 세 단계 후에도 여전히 동점인 팀들이 있을 경우,
  가장 높은 시트에 있는 팀이 최종 순위가 된다.

실격
- 스포츠정신에 위배되는 파울을 두 번 범한 선수는 주심에 의해 경기에서 실격 처리되고 주최자에 의해 행사에서 실격 처리
- 주최자는 폭력 행위, 언어적 또는 신체적 공격, 경기 결과에 불법간섭, FIBA의 도핑 방지 규칙이나 그 밖의 모든 FIBA 윤리강령 위반과 관련된 선수를 실격 처리
- 주최자는 상한 행위에 대한 다른 팀 구성원의 기여에 따라 전체 팀을 행사에서 실격 처리 할 수 있다.

* 체크-볼: 데드타임이 주어진 상황에서 심판이 수비자에게 볼을 주고, 수비자가 공격자에게 볼을 주면서 경기 시작.
* 데드볼: 야투나 자유투가 성공되었을 때, 심판이 휘슬을 불었을 때, 부저가 울렸을 때

* 출처: 대한농구협회

기초근력운동

1
기초근력운동

① 카프레이즈

발목과 종아리 운동은 발목염좌 예방과 순발력, 점프력 향상에 도움이 된다.
난이도를 점점 높이는 방법으로는 각종 도구를 추천한다. 예) 가벼운 아령, 발판, 바벨

STEP 1 ☞ 20개씩 3세트

 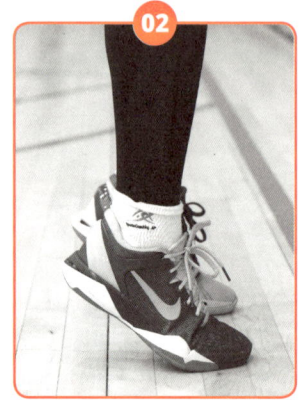 

01 어깨너비로 다리를 벌린다.
02 발목을 최대한 올려 3초 동안 멈춘다.
03 발목을 내린다. (계단활용)

TIP | 발목이 흔들리지 않게 천천히 하는 것이 좋다.

STEP 2 ☞ 20개씩 3세트

01 하프 스쿼트 자세를 취한다.
02 발목을 최대한 올려 3초 동안 멈춘다.
03 발목을 내린다.

② 스쿼트

스쿼트 운동은 하체운동의 대표적인 자세로 몸의 중심을 안정적이게 만들어주고, 슛 밸런스 및 다양한 퍼포먼스 향상에 도움이 된다.

☞ **20개씩 3세트**

01 어깨너비보다 넓게 다리를 벌리고 발끝은 45도 정도 바깥으로 하고 정면을 바라보고 선다.

02 배에 힘을 주고 허리를 곧게 세우고 정면을 바라보며 의자 높이까지 앉는다. 이때 무릎이 발가락 방향으로 나가도록 한다.

03 일어난다.

③ 런지

런지 운동은 코어와 신체균형을 발달시키는 운동으로 드라이브-인이나 돌파 후 레이업을 할 때 수비자에게 밀리지 않고 지탱할 수 있는 힘을 만들어준다.

☞ **20개씩 3세트**

01 가슴과 허리를 펴서 정면을 바라보고 다리는 어깨너비로 벌린다.
　　손은 허리 옆에 둔다. ⋯→ 아령을 들고 해도 된다.
02 오른발을 앞으로 크게 내딛는다. ⋯→ 이때 뒤꿈치부터 내딛고, 무릎이 발끝 앞으로 나오면 안된다.
03 다시 제자리로 돌아온다. 반대쪽 발도 동일하게 실시한다.

④ 볼 잡고 런지

공과 같은 도구를 사용함으로써 고관절의 부하를 주어 러닝 스텝을 잡을 때 수비자에게 밀리지 않게 해주며 허벅지와 코어 운동에 좋다.

☞ **20개씩 3세트**

01 가슴과 허리를 펴고 다리를 어깨너비로 벌린 다음,
　　 공을 배 위에 편안하게 놓고 정면을 바라보며 선다.
02 오른발을 앞으로 크게 내딛는다. … 이때 뒤꿈치부터 내딛고, 무릎이 발끝 앞으로 나오면 안된다
03 다시 제자리로 돌아온다. 반대쪽 발도 동일하게 실시한다.

⑤ 벽 짚고 하이피치

스피드 훈련의 하나로 다리의 보폭을 늘려주고 스피드 향상에 도움이 된다.

☞ **30개씩 3세트**

TIP | 최대한 빠르게 한다.

01 벽에 손을 가슴 높이로 뻗어 짚는다.
02 어깨너비로 다리를 벌리고 서서 벽을 바라본다.
03 오른쪽 다리 허벅지가 가슴에 닿을 정도로 올렸다 내린다.
반대쪽도 동일하게 실시한다.

⑥ 제자리 점프

반복적인 점프연습은 전신 근육을 향상시키고 체공력이 좋아지며 리바운드에 도움이 된다.
* 계단이나 박스 같은 도구를 활용한다.

☞ **20개씩 3세트**

01 어깨너비로 다리를 벌린 다음 팔을 편안하게 내리고 선다.
02 엉덩이를 뒤로 빼고 앉으면서 자세를 낮춘다.
03-04 양팔을 아래에서 위로 올리면서 최대한 높이 점프한다.

⑦ 한발 사이드 점프

사이드점프는 좌·우 밸런스에 좋으며 레이업이나 유로스텝 레이업 등 중심이동을 해야 하는 동작에 도움이 된다.

☞ **왕복 20개씩 3세트**

01 어깨너비로 다리를 벌린 다음 왼발을 들고 오른발로 중심을 잡고 선다.
02 왼쪽으로 최대한 넓게 점프한다.
03 왼발로 중심을 잡고 3초간 멈춘다.

⑧ 서서 중심 잡기

농구는 한발로 스텝을 잡는 동작들이 많이 있기 때문에 좌·우 밸런스가 중요하다.
양쪽 밸런스가 맞지 않으면 한 쪽으로 무게 중심이 쏠리기 때문에 부상 위험도가 높아진다.

☞ **각발 30초씩 3세트**

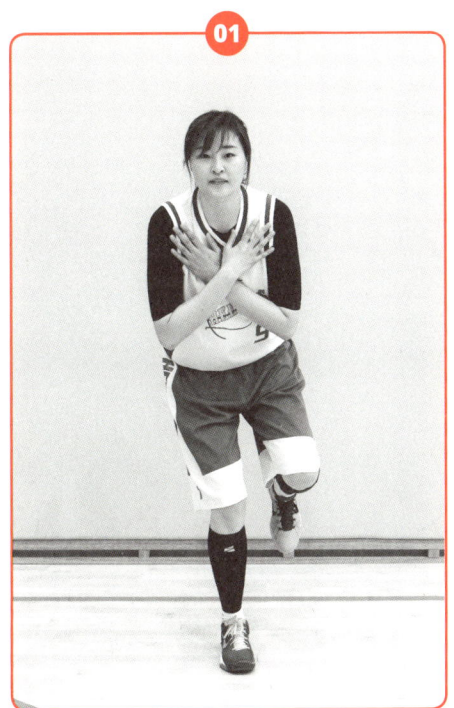

> **TIP** | 들지 않은 다리는 하프 스쿼트 자세를 취한다.

01 가슴과 허리를 펴고 어깨너비로 다리를 벌린 다음 정면을 보며 선다.
02 양손을 가슴에 놓고, 한발을 들어 중심을 잡는다.

볼 잡는 법 & 볼 컨트롤

2
볼 잡는 법 &
볼 컨트롤

볼 잡는 법

농구공을 어떻게 잡느냐에 따라 공을 컨트롤하는 능력이 달라진다. 공 잡는 연습을 하기 위해 손가락 사이사이를 최대한 넓히는 운동을 해야 하고, 손가락 힘을 키우기 위한 악력 운동도 병행해야 한다. 손을 많이 사용하는 운동이기 때문에 손가락과 손목을 소중하게 다루어야 한다.

손바닥 중앙

01 손가락 사이사이를 최대한 벌린다.
02 손바닥 중앙부터 천천히 손가락이 다 붙도록 한다.

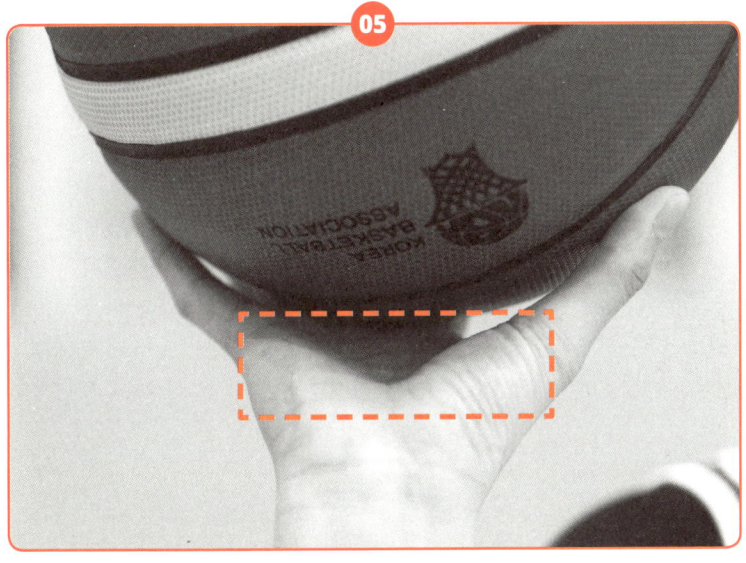

| TIP | 농구공을 잡을 때 손바닥은 농구공에 닿지 않아야 한다. |

| TIP | 손이 작아서 공을 못 잡는 것이 아니라 손가락 사이사이를 최대한 벌리지 않아서 공이 빠지는 것이다. |

볼 컨트롤

① 손가락 공 꼬집기

볼 컨트롤은 공을 손으로 다루는 감각을 익혀 자신의 생각대로 공을 자유자재로 움직이기 위한 기초운동이다.

01 양손의 손가락을 최대한 벌린 다음 오른손 손가락 위에 공을 올려 놓는다.
02 손가락에 힘을 주어 공을 꼬집는다.
03 왼손으로 공을 잡고 공을 꼬집는다.
04 왕복 50개씩 실시한다.

Ball Control

② 허리 돌리기

공과 친해지는 운동으로 드리블 중 비하인드백 드리블 할 때 유용하게 쓰이는 볼 컨트롤이다.

01 어깨너비로 다리를 벌린 다음 양손으로 공을 잡아 배 앞으로 들고 정면을 바라본다.
02 손가락을 최대한 벌려 공의 옆면을 받쳐든다.
03 오른쪽부터 천천히 허리 주변을 원 모양으로 그리며 돌린다.
04 한쪽으로 30개씩하고 반대 방향으로도 실시한다.

③ 무릎 돌리기

자세 낮추기와 공에 대한 감각을 키우는 운동이다.

01 어깨너비로 다리를 벌린 다음 허리를 앞으로 90도 숙여 앞을 바라본다.
02 손가락을 최대한 벌려 공의 옆면을 받쳐든다.
03 오른쪽부터 천천히 무릎 주변을 원 모양으로 그리며 돌린다.
04 한쪽으로 30개하고 반대 방향으로도 실시한다.

④ 무릎 8자 돌리기

8자 리듬에 맞추어 상체를 움직이므로 중심이동과 유연성 운동능력을 높여준다.

01 어깨너비로 다리를 벌린 다음 허리를 앞으로 90도 숙여 앞을 바라본다.
02 손가락을 최대한 벌려 공의 옆면을 받쳐든다.
03 양쪽 다리를 숫자 '8'을 그리며 돌린다.
04 리듬을 타면서 안쪽 방향으로 30회, 반대 방향도 같은 방법으로 실시한다.

⑤ 손목 스냅 일자 컨트롤

손가락 끝으로 공의 감각을 키우고 손목스냅의 강·약 조절에 도움이된다.

01 허리를 앞으로 90도 숙인 다음, 무릎 앞쪽으로 공을 잡는다.

02-03 손목 스냅을 이용하여 공을 띄운 다음, 무릎 뒤쪽으로 손을 빠르게 옮겨 공을 잡는다.

04 다시 공을 띄운 다음 무릎 앞쪽에서 공을 잡는다. 연속 20개를 실시한다.

⑥ 손목 스냅 크로스 컨트롤

무게 중심을 좌·우로 이동하면서 공을 컨트롤 하기 때문에 공에 대한 반응이 빨라진다.

01 허리를 앞으로 90도 숙인 다음, 공을 무릎 사이에 두고 오른손은 앞쪽, 왼손은 뒤쪽으로 해서 크로스가 되도록 공을 잡는다.

02-03 양손 손목스냅으로 공을 위로 띄운 다음 양손의 위치를 바꾸어 공을 잡는다.

04 계속 손의 위치를 바꿔가며 연속 20개를 실시한다.

⑦ 바나나킥

바나나킥은 전신운동으로 팔의 각도를 최대화 시킬 수 있으며 배근력과 다리근력에 도움이된다.

01 가슴과 허리를 펴고 어깨너비로 다리를 벌린 다음, 손가락을 최대한 벌려 공의 옆면을 받쳐들고 정면을 바라본다.

02 오른손으로 공을 컨트롤 하며 높이 올린다.

03 오른팔을 내리면서 왼쪽 다리를 들고 다리 밑을 지나 왼손으로 공을 이동시킨다.

| TIP | 팔꿈치를 펴야하며 원심력에 의해 빠르게 공을 이동시킨다. |

04 왼손으로 공을 컨트롤 하며 높이 올린다.
05 왼팔을 내리면서 오른쪽 다리를 들고 다리 밑을 지나 오른손으로 공을 이동시킨다.
연속으로 20개씩 연습한다.

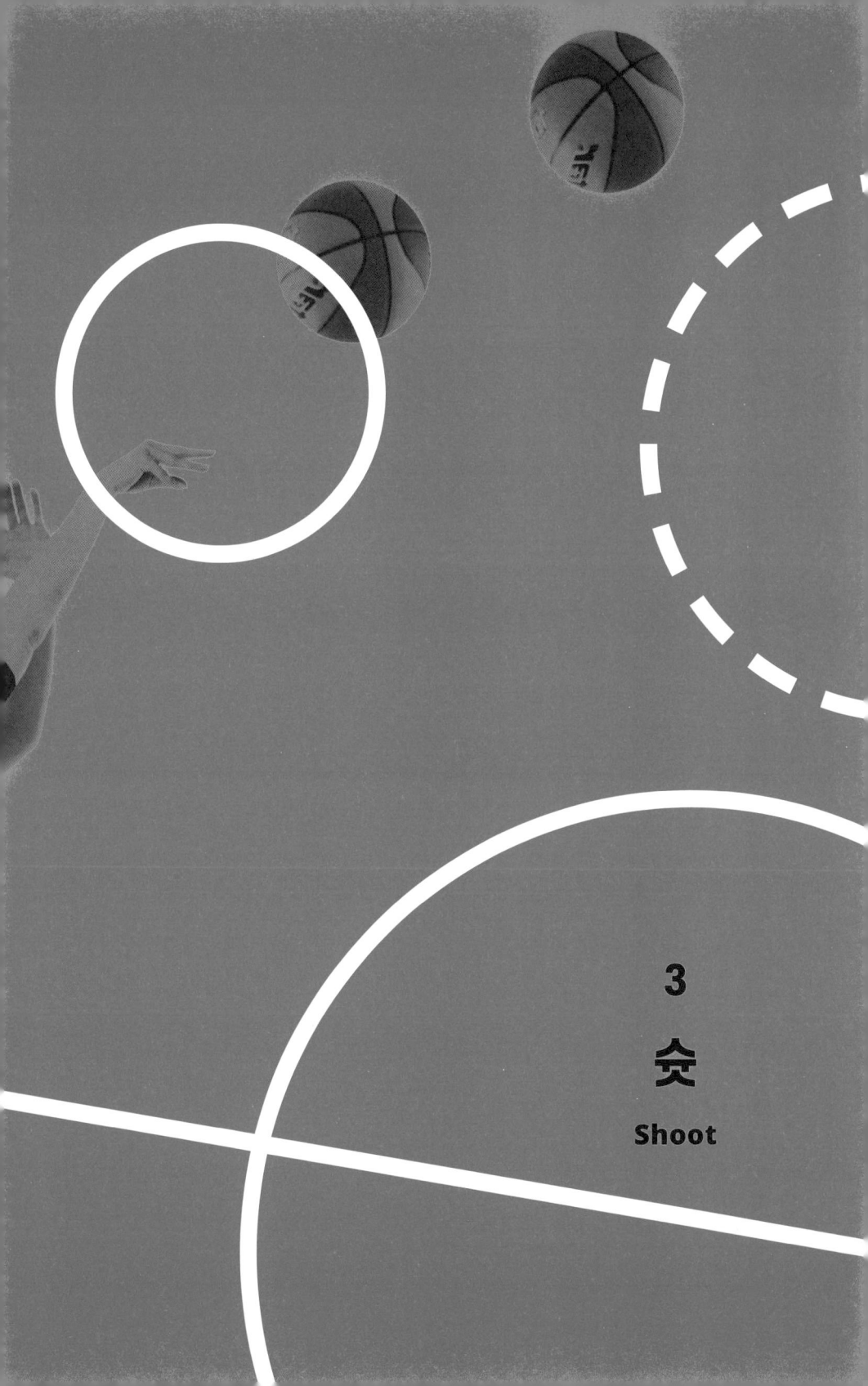

슛

슛은 '쏘다'라는 사전적 의미가 있다.
나는 '명중시키다'가 슛을 더 잘 설명하는 의미라고 생각한다.

① 원핸드 슛

01 오른손 손목을 손등 쪽으로 꺾어 오른쪽 눈썹 높이로 올리고 팔꿈치는 가슴라인에 맞춘다.
  ⋯ 왼손잡이일 경우 왼손 사용

02 왼손으로 공이 떨어지지 않도록 옆을 받쳐준다.
  ⋯ 공을 든 손의 손바닥이 공에 닿지 않아야 한다.

슛을 성공시키기 위해서는 하체의 힘을 이용해 점프하고, 공이 포물선을 그리도록 던져
3.05m 높이에 있는 림 안으로 명중시켜야 한다. 양궁선수가 표적에 활을 쏘고
바로 팔을 내리지 않는 것은 흔들림을 줄이고 정확성을 높이기 위함이다.
슛도 마찬가지로 손을 활이라 생각하고 공을 던진 후 자세를 1-2초 정도 유지하면서
자신의 공이 어디로 가는지 느껴봐야 한다.

뒤로 회전

측면 모습

03 팔꿈치부터 들어 올리며 엄지손가락을 시작으로
손목까지 모두 사용해 공이 뒤로 회전하도록
스핀을 준다.

○ **슛폼**

많은 초심자가 자신이 동경하는 선수의 슛폼을 따라한다.
슛폼은 신장, 팔 길이 등 신체 및 운동조건이 반영되어 만들어진다. 동경하는 선수의
슛폼이라고 해서 자신에게 맞는지 따지지 않고 무조건 따라하면 오히려 몸에 무리를 주게 된다.

01 팔꿈치와 손목 스냅으로 포물선을 그리며 슛을 던진다.
02 슛을 던지고 난 후 바로 팔을 내리지 말고 1~2초 정도 슛 자세를 유지한다.

어느 위치에서 포물선을 만들기 시작하느냐에 따라 힘의 원리가 달라지기 때문에 자신에게 맞는 슛폼을 갖추는 것이 중요하다.

01 기본 슛폼의 위치는 오른쪽 눈썹 위이다.

02 신장이 170cm 보다 작다면 손의 위치가 눈썹 아래로 내려와야한다.

03 신장이 190cm 보다 크다면 공을 머리 뒤쪽으로 넘어가게 하는 경우도 있다.

○ 슛폼 스핀 운동

초보자는 대부분 팔 근력이 부족하기 때문에 무리하게 슛 거리를 늘리다보면 자세가 망가질 수 있다. 처음에는 가까운 거리에서부터 연습하고 근력을 키우며 점차 거리를 늘려가는 것이 좋다.

STEP 1 **슛폼 교정 팔운동** 오른손으로 슛폼을 잡고 팔을 뻗었다가 제자리로 돌아온다

STEP 2 **슛폼 교정 스핀연습** 오른손으로 슛폼을 잡고 팔과 손목, 손가락을 끝까지

TIP 공의 회전을 뒤로 하기 위한 손목 스냅의 감각을 익힌다.
누워서, 의자에 앉아서 충분히 할 수 있는 운동이다.

농구에 필요한 팔의 근력을 키우는 데에는 농구공뿐만 아니라 아령(덤벨)을 이용하는 것도 효과적이다. 의자에 앉거나 누운 자세에서도 응용하여 실시 할 수 있다.

☞ **30개씩 3세트**

이용해 공이 뒤로 돌아가게 스핀을 준다.

☞ **30개씩 3세트**

② 투핸드 슛

투핸드 슛폼은 일반적으로 알려진 것과 달리 엄지, 검지손가락으로 공을
삼각형으로 잡는 것이 아니라, 양손 엄지손가락으로 삼각형을 만드는 것이다.
손 크기에 따라 양손 엄지손가락의 간격이 다를 수 있다.

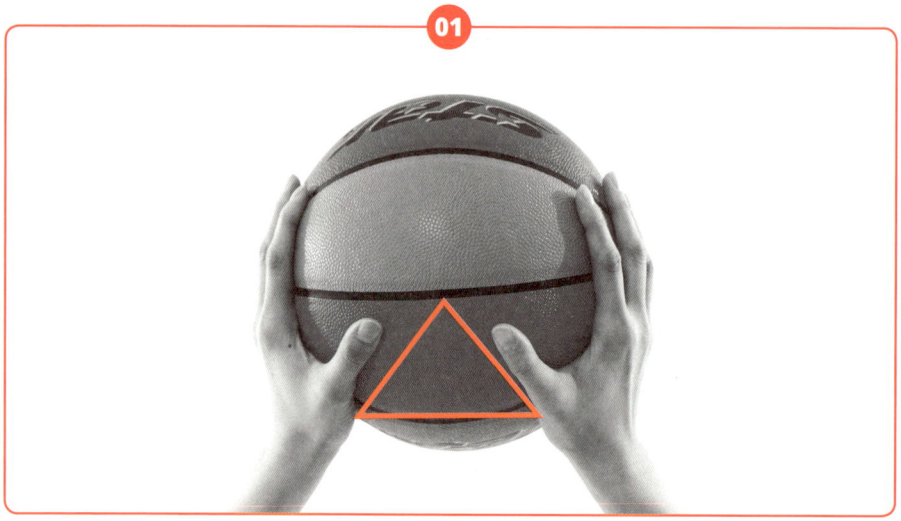

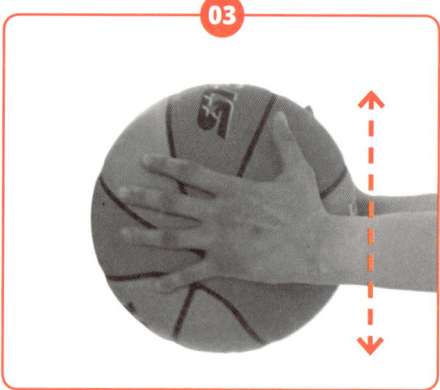

01 손가락 사이사이를 최대한 벌려 양손 엄지손가락이 삼각형 모양이 되게 공을 잡는다.

02 어깨에 힘이 들어가지 않도록 팔꿈치를 내려 공을 잡는다.

03 공을 잡고 손목을 위, 아래로 움직여 본다.

Two Hand Shoot

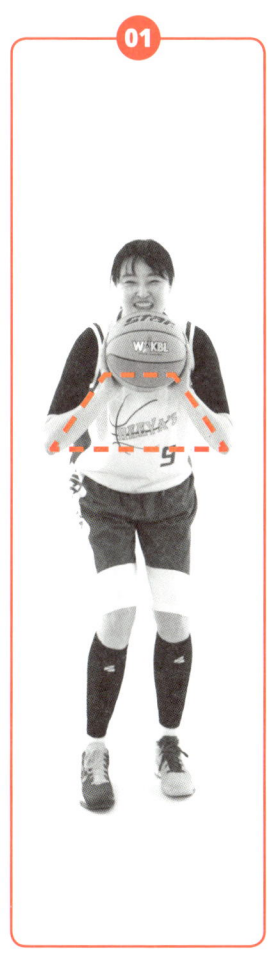

01 팔꿈치가 과하게 벌어지지 않도록 사다리꼴 모양으로 만들고 공을 턱 아래로 가지고 온다.
02 오른손잡이는 오른발을 앞에, 왼손잡이는 왼발을 앞에 둔다.
03 슛팅을 할 때에는 양손의 엄지, 검지, 중지를 사용해 공에 스핀을 주고, 슛을 던진 다음에는 양손 손등을 맞닿게 한다.

③ 스텝

농구의 스텝은 크게 원스텝(one step)과 투스텝(two step)으로 나눌 수 있다.
공중에서 공을 잡은 뒤 두 발로 동시에 착지하면 원스텝, 차례로 딛으면 투스텝이다.
공을 잡고 3보 이상 걸으면 트래블링이다.

* '원스텝'은 '합스텝'(hop step) 이라고도 부른다. '투스텝'은 '원-투스텝'(one-two step)이라고도 한다.

원스텝 one step

01 공을 잡기 전 발을 계속 움직이며 기다린다.
02 점프를 해서 공을 잡는다.
03 양발을 동시에 착지한다.

Step

스텝에 관해 많이 궁금해하는 것이 스텝이 먼저인지 공을 잡는 것이 먼저인지다.
정답은 공을 잡는 것이 먼저다. **스텝의 카운트는 공을 잡은 다음 이루어지기 때문이다.**

> **TIP** 공을 잡고 스텝을 잡는지, 스텝을 잡고 공을 잡는지 인지하는 것이 좋다.

투스텝 two step

01 공을 잡기 전 발을 계속 움직이며 기다린다.
02 점프해서 공을 잡고 한발로 착지한다.
03 반대발 스텝을 잡는다.

○ 투스텝 슛

첫 번째 스텝을 잡을 때는 몸 밸런스와 수비자 상황을 보는 것이 중요하고,
두 번째 스텝을 잡을때는 슛·패스·드리블 중 하나가 결정되어야 한다.
제자리 슛, 무빙슛, 스크린을 이용한 슛 등 다양한 상황을 연습한다.

01 오른손으로 슛폼을 잡으면서 왼발로 착지 한다.
02 오른발 스텝을 잡으면서 점프를 한다.

Two Step Shoot

* 슛팅 연습을 할 때 보통 투스텝(원-투스텝)으로 한다.

| TIP | 첫 스텝에 수비자 상황을 보는 연습을 해야한다.
수비자가 떨어지면 슛, 붙으면 드라이브-인 이라고 생각하고 심플하게 플레이를 한다. |

03 점프할 때, 림을 보고 슛을 한다.
04 공이 림에 들어갈 때까지 팔을 뻗고 있는다.

④ 골밑슛

골대 밑에서 수비자를 의식해서 슛을 하다보면 슛을 길게 또는 짧게 던지는 경우가 많다.
좌·우 반복적인 연습으로 손목 스냅의 감각을 익히는 것이 좋다.

01 오른발로 스텝을 잡으면서 시선은 백보드 안 작은 사각형의 모서리에 둔다.

02 왼발로 스텝을 잡는다.

03 점프하면서 작은 사각형 모서리를 향해 공을 던진다.

Under Basket Shoot

01 왼발로 스텝을 잡으면서 시선은 백보드 안 작은 사각형의 모서리에 둔다
02 오른발로 스텝을 잡는다.
03 점프하면서 작은 사각형 모서리를 향해 공을 던진다.
☞ 반복해서 연습한다.

⑤ 골밑 언더 / 백업슛

골대 밑에서 연습할 때는 림을 계속 쳐다봐야 하기 때문에 목이 많이 아프다.
하지만 골대 밑에서는 어떤 각도에서도 슛을 해야하기 때문에 중요한 연습이다.

| TIP | 언더/백업은 똑같은 손목 스냅을 사용한다.

01 언더

02 백업

☞ 골대 (바스켓) 밑 그물 가운데에 선다.

Under / Back-up Shoot

01 공을 든 왼손은 반원을 그리면서 작은 사각형 모서리를 맞춘다.
02 반원을 그릴 때, 손목 스냅을 이용해 공을 안쪽으로 살짝 돌려 스핀을 준다.
03 공을 든 오른손은 반원을 그리면서 작은 사각형 모서리를 맞춘다.
04 반원을 그릴 때, 손목 스냅을 이용해 공을 안쪽으로 살짝 돌려 스핀을 준다.

⑥ 골밑 스텝 인 언더숏

골대 밑에서는 공격자가 수비자보다 유리하다. 수비자가 어느 위치에 있는지 반드시 확인하고 인사이드 또는 아웃사이드 피벗을 선택해 숏을 한다.

01 공중에서 양손으로 공을 잡고 왼발-오른발 순으로 착지한다.

02 오른발 스텝을 잡을 때, 무게 중심을 오른발쪽으로 이동한다.

03 오른발을 안쪽으로 빼면서 옮긴다.

04 착지하자마자 점프하며 왼손으로 언더숏을 한다.

Step-in Under Shoot

05 공중에서 양손으로 공을 잡고 오른발-왼발 순으로 착지한다.
06 왼발 스텝을 잡을 때, 무게 중심을 왼발쪽으로 이동한다.
07 왼발을 안쪽으로 빼면서 옮긴다.
08 착지하자마자 점프하며 오른손으로 언더슛을 한다.
☞ 반복해서 연습한다.

⑦ 골밑 스텝 아웃 언더슛

수비자와의 거리가 멀면 인사이드 피벗, 가까우면 아웃사이드 피벗을 한다.

01 공중에서 양손으로 공을 잡고 왼발-오른발 순으로 착지한다.
02 오른발 스텝을 잡을 때, 무게 중심을 오른발쪽으로 이동한다.
03 오른발을 엉덩이 뒤쪽으로 빼면서 이동한다.

Step-out Under Shoot

| TIP | 슛을 할 때 림이 아니라 백보드 모서리를 보고 슛을 한다. |

04-05 오른발 스텝을 착지하자마자 점프하며 왼손으로 언더슛을 한다.
06 골밑에서 좌우로 이동하며 연속으로 한다.

⑧ 드리블 레이업슛 옆모습

레이업의 기본은 러닝 스텝이다.
왼손 레이업 연습을 통해 양손을 자유롭게 사용할 줄 알아야 한다.

01-03 골대를 향해 오른손으로 드리블한다.
04 바닥에서 올라오는 공을 잡으면서 오른발로 착지 한다.

Dribble Lay-up Shoot

* 러닝 스텝: 달리면서 스텝을 잡는 것

05-06 왼발을 딛고 오른발 무릎을 들며 최대한 높이 점프하면서 작은 사각형 모서리에 공을 올려놓고 내려온다.

○ 러닝 스텝 레이업 뒷모습

01-03 골대를 향해 오른손으로 드리블한다.
04 바닥에서 올라오는 공을 잡으면서 오른발로 착지한다.

Running Step Lay-up

| TIP | 백보드 사각형 모서리를 바라보며 슛을 한다. |

05-06 왼발을 딛고 오른발 무릎을 들며 최대한 높이 점프하면서 작은 사각형 모서리에 공을 올려놓고 내려온다.

○ 러닝 스텝 레이업 왼손

01-03 골대를 향해 왼손으로 드리블한다.
04 바닥에서 올라오는 공을 잡으면서 왼발로 착지한다.

Running Step Lay-up

05-06 오른발을 딛고 왼발 무릎을 들며 최대한 높이 점프하면서 작은 사각형 모서리에 공을 올려놓고 내려온다.

○ 파워 스텝 레이업

수비자와 수비자 사이를 비집고 들어가 슛을 할 때와 2대1 상황에서
수비자를 보면서 공격할 때 주로 사용한다.

01-03 골대를 향해 오른손으로 드리블한다.

04 바닥에서 올라오는 공을 잡으면서 오른발로 착지 한다.

Power Step Lay-up

* 2대1: 공격자 2명, 수비자 1명의 상황을 말한다.

05 왼발 스텝을 잡으며 몸의 방향을 측면으로 전환한다.
06 점프하며 왼손으로 언더슛을 한다.

○ 파워 스텝 레이업 왼손

01-03 골대를 향해 왼손으로 드리블한다.
04 바닥에서 올라오는 공을 잡으면서 왼발로 착지 한다.

Power Step Lay-up

| TIP | 첫 스텝에 중심을 잡고, 발레리나처럼 뒷다리를 뒤로 쭉 뻗는다. |

05 오른발 스텝을 잡으며 몸의 방향을 측면으로 전환한다.
06 점프하며 오른손으로 언더슛을 한다.

○ 패스 페이크 레이업

2대1 상황에서 수비자를 속이기 위해 패스 모션을 하거나, 돌파 시 헬프 수비자가 왔을 때 주로 사용한다.

01-03 골대를 향해 오른손으로 드리블한다.
04 바닥에서 올라오는 공을 잡고 오른발로 착지하면서, 팔을 쭉 뻗어 공을 앞으로 내민다.

Pass Fake Lay-up

*헬프 수비자: 팀 수비의 하나로 동료 수비수가 공격수에게 뚫렸을 때 자신이 맡고 있는 공격수를 버리고 노마크가 된 지역을 수비하는 행위

05-06 공을 다시 배 앞으로 가져오며 왼발 스텝을 잡고 최대한 높이 점프하며 작은 사각형 모서리에 공을 올려놓는다.

패스 페이크 레이업 <small>왼손</small>

01-03 골대를 향해 왼손으로 드리블한다.
04 바닥에서 올라오는 공을 잡고 왼발로 착지하면서, 팔을 쭉 뻗어 공을 앞으로 내민다.

Pass Fake Lay-up

05-06 공을 다시 배 앞으로 가져오며 오른발 스텝을 잡고 최대한 높이 점프하며 작은 사각형 모서리에 공을 올려놓는다.

○ 리버스 레이업

돌파 후 스텝을 제한구역 안에서 잡았거나, 골밑으로 뛰는데 패스가 왔거나,
레이업 각도가 안 나올 때, 주로 리버스 레이업을 사용한다.
돌파시 점프력을 이용해 레이업을 하려다가 **더블클러치로 리버스**하는 경우도 있다.

01-03 골대를 향해 오른손으로 드리블한다.
04 바닥에서 올라오는 공을 잡으면서 오른발로 착지한다.

Reverse Lay-up

* 더블클러치: 공중에 몸이 뜬 상태에서 한 번 더 점프하는 것
* 리버스: 거꾸로 하는 슛

05 왼발 스텝을 잡으면서 고개를 곧게 들어 백보드 모서리를 본다.
06 점프와 함께 상체를 브릿지 모양으로 젖혀 오른손으로 모서리에 공을 올린다.

○ **리버스 레이업** 왼손

01-03 골대를 향해 왼손으로 드리블한다.
04 바닥에서 올라오는 공을 잡으면서 왼발로 착지한다.

Reverse Lay-up

| TIP | 제한구역 안에서 스텝을 잡는다. 백보드와 림 사이로 나오면서 슛각도를 만든다. |

05 오른발 스텝을 잡으면서 고개를 곧게들어 백보드 모서리를 본다.
06 점프와 함께 상체를 브릿지 모양으로 젖혀 왼손으로 모서리에 공을 올린다.

○ 원핸드 레이업

드리블을 치면서 돌파하거나, 속공 시 수비자가 옆에 붙어 같이 움직일 때 사용한다.

01-03 골대를 향해 오른손으로 드리블한다.
04 공을 잡는 순간 공을 최대한 높이 올리며 오른발 스텝을 잡는다.

One Hand Lay-up

05-06 왼발 스텝을 잡고 최대한 높이 점프해 작은 사각형 모서리에 공을 올려놓고 내려온다.

○ 원핸드 레이업 <small>왼손</small>

01-03 골대를 향해 왼손으로 드리블한다.
04 공을 잡는 순간 공을 최대한 높이 올리며 왼발 스텝을 잡는다.

One Hand Lay-up

| TIP | 첫 스텝을 잡을 때 공을 최대한 높이 들어올리는 것이 포인트 |

05-06 오른발 스텝을 잡고 최대한 높이 점프해 작은 사각형 모서리에 공을 올려놓고 내려온다.

⑨ 드라이브-인 스텝 & 자세

드라이브-인의 가장 기본스텝.
이 스텝만 습득해도 다양한 플레이를 할 수 있을 만큼 중요하고 기본적인 스텝이다.

01 공중에서 공을 잡고 왼발로 착지한다.
02 무게 중심을 이동하며 오른발 스텝을 잡는다. 공은 오른쪽 옆구리 옆에 둔다.
03-04 오른발을 왼쪽 다리 앞쪽으로 내딛고 드리블하며 앞으로 뛰어간다.

Drive-in

* 드라이브-인 스텝은 슛과 패스를 포함한 모든 플레이에서 활용가능한 스텝이다.

| TIP | 폭발력 있게 드리블하며 뛰어가 보자. |

01 공중에서 공을 잡고 왼발로 착지한다.
02 무게 중심을 이동하며 오른발 스텝을 잡는다. 공은 오른쪽 옆구리 옆에 둔다.
03-04 오른발을 왼쪽 다리 앞쪽으로 내딛고 드리블하며 앞으로 뛰어간다.

⑩ 포스트 업

센터 포지션의 선수나 미스매치(신장이 작은 선수가 수비할 때) 상황에서 유용한 플레이다.
자세를 낮추어 자신의 공간을 확보한 다음, 밀면서 들어가는 것이 포인트다.
이때 중심 이동을 위해 사이드 스텝을 사용한다.

○ 등지고 포스트 업

01 왼손을 뒤로 하며 백도어 찬스를 먼저 본다.
02 왼발을 움직이면서 자리를 잡는다.
03 점프해서 공을 잡는 것과 동시에 원스텝(One step)으로 착지한다.
04-05 드리블과 왼발 사이드 스텝을 같이 한다.

Post-up

* 센터: 농구 포지션 중 하나로 보통 팀에서 가장 키가 큰 선수가 맡는다.
* 미스매치: 키 큰 센터 수비를 작은 가드가 붙었을 때
* 사이드 스텝: 공격자가 드리블로 짧은 거리를 이동할 때 수비수가 한 쪽 발을 공격자의 진행 방향으로 미끄러지듯이 슬라이드 하는 스텝
* 백도어: 수비수의 뒷공간을 노리는 플레이

06 수비자의 위치를 엉덩이 감각으로 확인한다.

07 오른발 스텝을 잡는다.

08-09 왼발로 딛고 점프하며 사각형 모서리로 언더슛을 한다.

○ 등지고 포스트 업 왼쪽

01 오른손을 뒤로 하며 백도어 찬스를 먼저 본다.
02 오른발을 움직이면서 자리를 잡는다.
03 점프해서 공을 잡는 것과 동시에 원스텝(One step)으로 착지한다.
04-05 드리블과 오른발 사이드 스텝을 같이 한다.

Post-up

06 수비자의 위치를 엉덩이 감각으로 확인한다.
07 왼발 스텝을 잡는다.
08-09 오른발로 딛고 점프하며 사각형 모서리로 언더슛을 한다.

○ 포스트-업 & 터닝슛

골대 밑에서 수비자는 대개 블로킹을 하기 위해 점프한다.
이 지역에서 주어지는 3초는 짧지않기 때문에 차분하게 수비자를 보고 피벗하고 슛하면 된다.

01 왼손을 뒤로 하며 백도어 찬스를 먼저 본다.
02 왼발을 움직이면서 자리를 잡는다.
03 점프해서 공을 잡는 것과 동시에 원스텝(One step)으로 착지한다.
04-05 드리블과 왼발 사이드 스텝을 같이 한다.

Post-up & Turning Shoot

06 수비자의 위치를 엉덩이 감각으로 확인한다.
07-08 오른발-왼발 순으로 딛고 수비자를 본다. (수비자가 앞에 있다고 가정하고)
09-10 오른발로 인사이드 피벗을 하면서 점프슛을 한다.

○ 포스트-업 & 터닝슛 왼쪽

01 오른손을 뒤로 하며 백도어 찬스를 먼저 본다.
02 오른발을 움직이면서 자리를 잡는다.
03 공을 잡는 것과 동시에 원스텝(One step)으로 착지한다.
04-05 드리블과 오른발 사이드 스텝을 같이 한다.

Post-up & Turning Shoot

06 수비자의 위치를 엉덩이 감각으로 확인한다.
07-08 왼발-오른발 순으로 딛고 수비자를 본다. (수비자가 앞에 있다고 가정하고)
09-10 오른발로 인사이드 피벗을 하면서 점프슛을 한다.

○ 포스트-업 & 인사이드 피벗 슛

이 책에서는 인사이드 피벗에 대해서만 설명하지만 수비자와의 공간에 따라 인사이드 피벗과 아웃사이드 피벗을 선택해서 사용하는 것이 좋다. * 두 피벗 모두 연습하는 것이 좋다.

01 왼손을 뒤로 하며 백도어 찬스를 먼저 본다.
02 왼발을 움직이면서 자리를 잡는다.
03 공을 잡는 것과 동시에 원스텝(One step)으로 착지한다.
04-05 드리블과 왼발 사이드 스텝을 같이 한다.

Post-up & Inside Pivot Shoot

06 수비자의 위치를 엉덩이 감각으로 확인한다.
07-08 오른발-왼발 순으로 딛고 수비자를 본다. (수비자가 앞에 있다고 가정하고)
09 왼발로 인사이드 피벗을 하면서 점프슛 찬스가 안 되었다고 가정하고,
10-11 다시 한번 스텝을 인사이드(아웃사이드)로 피벗하여 언더슛을 한다.

○ 포스트-업 & 인사이드 피벗 숏 왼쪽

01 오른손을 뒤로 하며 백도어 찬스를 먼저 본다.
02 오른발을 움직이면서 자리를 잡는다.
03 공을 잡는 것과 동시에 원스텝(One step)으로 착지한다.
04-05 드리블과 오른발 사이드 스텝을 같이 한다.

Post-up & Inside Pivot Shoot

06 수비자의 위치를 엉덩이 감각으로 확인한다.

07-08 왼발-오른발 순으로 딛고 수비자를 본다. (수비자가 앞에 있다고 가정하고)

09 오른발로 인사이드 피벗을 하면서 점프슛 찬스가 안 되었다고 가정하고,

10-11 다시 한번 스텝을 인사이드(아웃사이드)로 피벗하여 언더슛을 한다.

레이업 연습방법

드리블 레이업 연습은 혼자서도 할 수 있지만,
이 연습방법은 3명이 한 조가 되어서 할 수 있는 방법이다.

01 C 코치는 뛰고 있는 1번에게 패스를 한다.
02 1번은 패스를 받아 레이업 한다.
03 2번은 리바운드를 해서 코치에게 준다.

반대편에서도 같은 방법으로 20회 연속 연습한다.

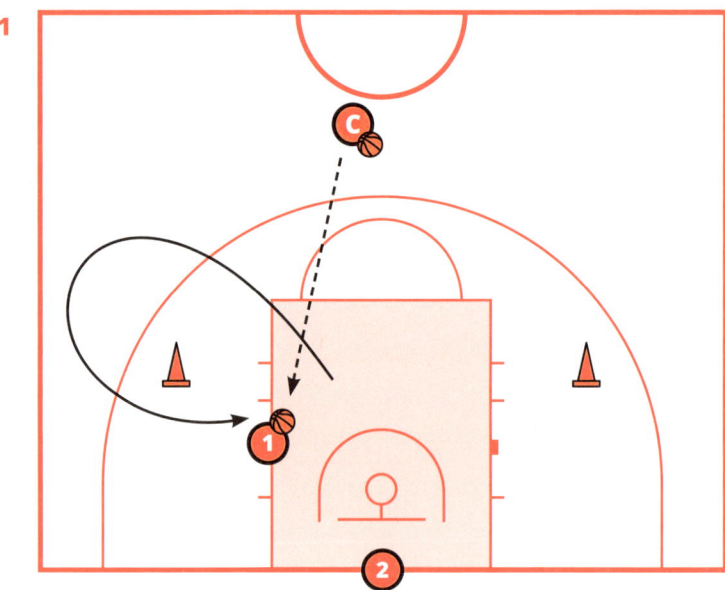

01

패스를 하는 사람은 바운드 패스, 체스트 패스 등 다양한 패스를 활용한다.
레이업을 하는 사람은 러닝 스텝, 파워 스텝, 리버스 레이업 등 다양한 종류의
레이업을 반복적으로 한다.

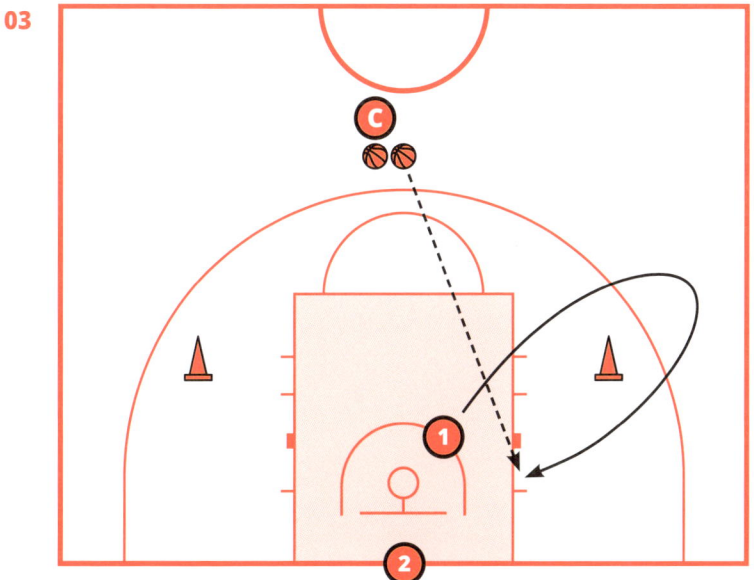

드리블

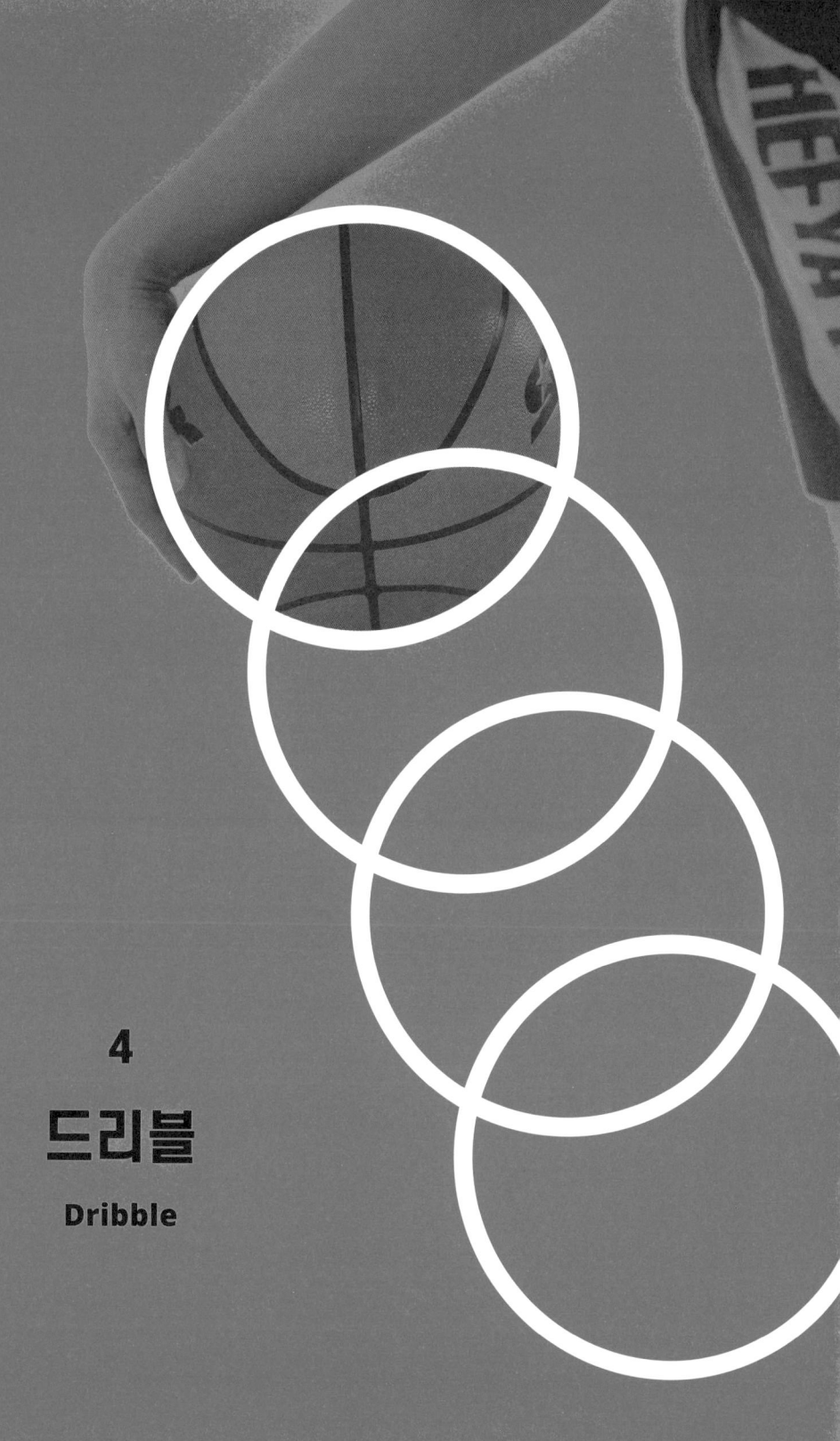

4
드리블
Dribble

드리블

농구 경기에서는 드리블을 적게 할수록 좋기 때문에 포인트 가드를 제외하고는 아이솔레이션이나 돌파 등 정확한 목적을 위해 드리블하는 것이 바람직하다.

* 아이솔레이션: 1대1에 뛰어난 선수가 한 명의 수비수를 상대로 공격하는 것

① 드리블하는 방법

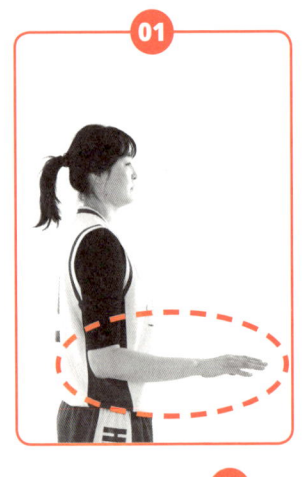
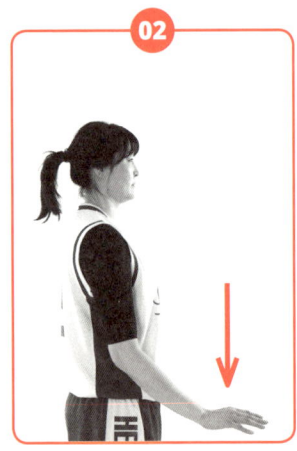

> **TIP** 드리블 할 때 어깨는 사용하지 않도록 한다.

01 팔꿈치와 옆구리 사이에 주먹 하나 정도 간격을 두고 팔을 직각을 만든다.

02-03 팔꿈치를 기준으로 위의 팔은 고정한 채 손으로 공을 팅기며 위 아래로 드리블 한다.

☞ 팔꿈치를 움직이면 안된다. 옆구리와 팔꿈치 사이에 주먹 하나 정도 간격을 둔다.

☞ 어깨에 힘이 들어가지 않아야 한다.

자연스러운 드리블은 내 공간을 만들어 공을 보호하고, 타이트한 수비를 속이거나 제치고, 순간순간 변하는 플레이 상황에서 다양하게 방향을 전환하고, 스피드를 낸 상황에서 공이 내 몸에 붙어있는 듯 움직이게 한다. 이런 드리블은 볼 핸들링이 좌우한다.
손목의 각도를 최대한 활용해 드리블을 연습하는 것이 좋다.

② 기초 드리블

○ 드리블
Dribble

> **TIP** 드리블은 바닥에 가상의 점 하나를 두고 하는 것이 좋으며, 오른손으로 드리블 할 때, 왼발이 앞에 오고, 왼손으로 드리블 할 때, 오른발이 앞에 온다.

> **TIP** 잘못된 드리블은 어깨를 과하게 사용하거나 손목을 돌리면서 기본 드리블을 하는 것이다. 어깨를 과하게 사용하면 어깨 관절과 인접한 근육에 무리가 올 수 있으며, 손목을 돌리면서 드리블을 하면 스피드가 나지 않는다.

01 팔꿈치와 옆구리 사이에 주먹 하나 정도 간격을 두고 팔을 직각으로 만든다.
02-03 팔꿈치를 기준으로 위의 팔은 고정한 채 손으로 공을 튕기며 위 아래로 드리블 한다.

○ V 드리블

작은 V부터 큰 V까지 손목과 어깨의 리듬으로 드리블하는 것이 좋다.

| TIP | 양쪽 다리 사이 가운데 바닥에 가상의 점 하나를 그린 다음 그네가 스윙하는 느낌으로 리듬을 타면서 드리블한다. |

01 다리를 어깨보다 넓게 벌리고 무릎을 살짝 구부린 상태로 허리를 숙인다.
02-03 오른손으로 공을 바닥의 점을 향해 드리블한다.
04-05 공이 바닥을 치고 올라오면 손목을 반대로 꺾어 다시 공을 바닥의 점을 향해 드리블한다.
☞ 반대 손도 동일하게 실시한다.

V Dribble

- POINT -

앞/뒤

좌/우

TIP | 손목을 안쪽으로 꺾어 공 아래쪽까지 잡으면 드리블할 때 공을 컨트롤하기 쉽다.

○ 크로스오버 드리블   **Crossover Dribble**

양손의 감각을 기억해야 한다. 방향 전환 드리블을 할 때 도움이 된다.

TIP 양쪽 다리 사이 가운데 바닥에 가상의 점 하나를 그린 다음 V의 각도가 작을 때는 손목 스냅을 이용하고, 각도가 커질수록 팔을 펴서 가동범위를 넓게 한다.

01 다리를 어깨보다 넓게 벌리고 무릎을 살짝 구부린 상태로 허리를 숙인다.

02-03 팔꿈치를 펴고 포인트인 점에 드리블한다.

04-06 공이 V 모양을 그리며 움직이도록 드리블 한다.

○ **앞/뒤 드리블**　　　　　　　　　　　　　　　　　**Front & Back Dribble**

작은 V 부터 큰 V까지 공의 강/약 조절과 컨트롤에 도움이 된다.

01 오른손으로 드리블 할 때에는 왼발을 앞에 두고 자세를 낮춘다.

02-03 오른손으로 공을 바닥의 점을 향해 드리블한다.

04-05 공이 바닥을 치고 올라오면 손목을 반대로 꺾어 다시 공을 바닥의 점을 향해 떨어뜨린다.

06 공을 바닥의 점을 향해 드리블한다.

☞ 반대 손도 동일하게 실시한다.

③ 볼 2개 기초 드리블

한 손 드리블을 마스터했다면 양손 드리블도 연습해보자.
더 많은 상황에서 공을 컨트롤할 수 있다.

○ 드리블   **Dribble**

양손 손목 스냅의 감각을 익히는 운동이다

01-02 다리를 어깨너비보다 넓게 벌리고 무릎을 살짝 구부린 채로 자세를 낮춘다.

03 팔꿈치와 옆구리 사이에 주먹 하나 정도의 간격을 두고 드리블한다.

04 기본 드리블과 동일하게 직각을 기준으로 위 아래로 친다.

○ V 드리블

V dribble

양손 손목 스냅의 감각을 익히는 운동이다

01 다리를 어깨너비보다 넓게 벌리고 무릎을 살짝 구부린 채로 자세를 낮춘다.

02-03 가상의 점을 하나 두고 하나의 포인트를 만들어 집중적으로 그 점만 맞추도록 한다.

04 좌우 리듬을 타면서 드리블한다.

앞/뒤 드리블　　　　　　　　　　　Front & Back dribble

양손 손목 스냅의 감각을 익히는 운동이다.

01　다리를 어깨너비보다 넓게 벌리고 무릎을 살짝 구부린 채로 자세를 낮춘다.
02　양손에 공을 하나씩 들고 정면을 보고 선다
03-04　각 다리 옆에서 앞뒤로 V자를 그리며 드리블한다.
05　팔꿈치를 최대한 펴서 동작이 크게 나오도록 연습한다.
06　앞뒤 리듬을 타면서 드리블한다.

○ **강/약 드리블** High & Low Dribble

양손으로 강약 조절을 하면서 자유자재로 공을 컨트롤을 한다.

01 다리를 어깨너비보다 넓게 벌리고 무릎을 살짝 구부린 채로 자세를 낮춘다.

02-03 공이 무릎 위로 올라오도록 강하게 드리블한다.

04-05 무릎 아래 높이에서 손목 스냅을 이용해 낮게 드리블한다.

06 강약 리듬을 타면서 드리블 한다.

④ 드리블 런

최대한 빠른 속도로 드리블을 연습하는 것이 중요하며 정지 후 수비자보다 빠르게 방향 전환을 하기 위한 연습이다.

01 오른손으로 드리블 치며 간다.
02 정지할 때 오른발, 왼발 순으로 스텝을 잡는다.
03 반대쪽 방향으로 전환하면서 오른발을 내딛고 왼손으로 드리블을 하며 출발한다.
04 왼손으로 드리블 치며 간다.

Dribble Run

| TIP | 진행 방향 발로 전환하면 수비자를 쉽게 볼 수 있고, 수비자보다 조금 더 빠르고 자연스럽게 방향 전환을 할 수 있다. |

05 정지할 때 왼발, 오른발 순으로 스텝을 잡는다.
06 반대쪽 방향으로 전환하면서 왼발을 내딛으며 오른손으로 드리블을 하며 출발한다.

⑤ 비하인드 백 드리블

비하인드 백 드리블은 3점라인에서 공격자가 1대1상황에 수비자를 속일 때와 스피드 드리블 상태에서 수비자가 나타났을 때 사용한다.

○ 제자리 비하인드 백 드리블

1대1 상황에서 수비자에게 볼을 뺏기지 않기 위해 사용한다.
*수비자와 사이에 공간이 없을 때 볼 전환을 위해 한다.

01 다리를 어깨너비보다 넓게 벌리고, 무릎을 살짝 구부린 상태에서 허리를 숙인다.
02-03-04-05 엉덩이 뒤로 V드리블을 한다고 생각하며 좌/우 드리블한다.
06 좌·우 리듬을 타면서 드리블한다.

Behind Back Dribble

> **TIP** 손목 스냅과 어깨를 함께 활용하면 드리블이 더 자연스러워진다.

○ 스피드 비하인드 백 드리블

속공이나 스피드 드리블을 할 때, 스피드를 죽이지 않고 방향을 전환할 때 주로 한다.

01 오른손으로 드리블하며 뛰어간다.
02 공이 바닥에서 튀어 올라오는 순간 손목으로 공을 감아 올린다.
03 왼발을 앞으로 딛으면서 왼쪽 엉덩이 뒤로 팔을 돌려 공을 왼발 앞쪽으로 내려놓는다.
04 공이 올라오면 왼손으로 드리블하며 나간다.
☞ 반대 손도 동일하게 실시한다.

⑥ 스핀 무브 드리블   **Spin Move Dribble**

드리블 도중 수비자가 앞을 막았을 때(수비자와 몸의 접촉이 있어야 한다.) 사용한다.
스핀 무브는 슛과도 바로 연결할 수 있는 유용한 기술이다.

> **TIP** 턴을 할 때 자세가 높아지지 않도록 한다.

01-02 왼손으로 드리블하다가 왼발-오른발 순으로 스텝을 잡는다.

03-04 오른발을 축으로 왼발을 이용해서 뒤로 돌며 공을 내려놓는다.

05 다시 튀어오르는 공을 오른손으로 드리블하며 뛰어간다.

☞ 반대 손도 동일하게 실시한다.

⑦ 레그 스루 드리블　　　　　　　　　　　Leg Through Dribble

1대1 상황에서 수비자 팔이 깊숙히 들어왔을 때 사용한다.

01-02　왼손으로 드리블하다가 왼발-오른발 순으로 스텝을 잡는다.

03-04　상체의 중심을 약간 뒤로 두며 다리 사이로 V 드리블을 한다.

05　왼발을 앞으로 내밀면서 오른손으로 드리블을 한다.

👉 반대 손도 동일하게 실시한다.

드리블 연습방법 1

좁은 공간에서 제자리 드리블을 마스터 했다면 이제는 실전에 가까운 스피드드리블을 연습해 본다.
오른손, 왼손, 양손 드리블을 다양한 거리에서 연습을 하는 것은 드리블을 하면서 뛰는 속도를
빠르게 하기 위해서이다.

1. 오른손 드리블 런
2. 왼손 드리블 런
3. 양손 드리블 런
4. 콘을 활용한 방향전환 드리블 런

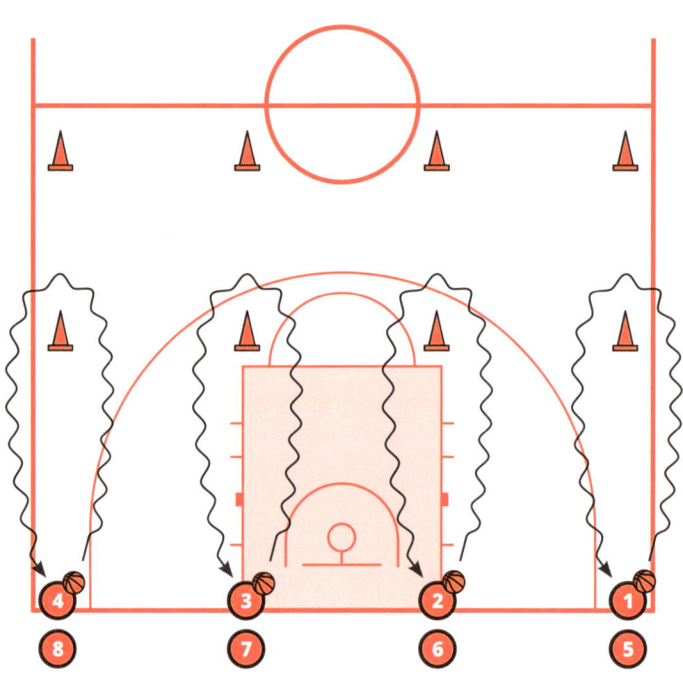

콘을 돌면서 드리블 하는 것과 터치하고 오는 것 두 가지로 나눌수 있다.
드리블 연습 시 몇 번 / 몇 초 등 정확하게 정해서 하는 것이 더 효과적이다.
엔드라인에서 출발한다

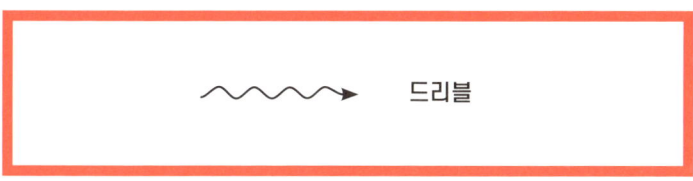

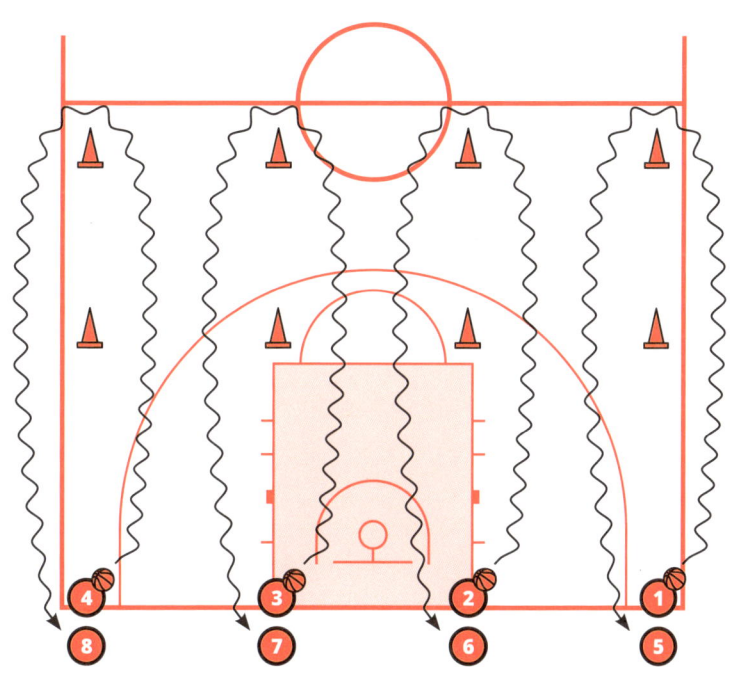

드리블 연습방법 2

콘을 활용해 방향전환 연습을 한다. 최대 스피드로 연습하는 것이 좋으며 반복 연습을 통해 자연스럽게 발목 강화에도 도움이 된다.

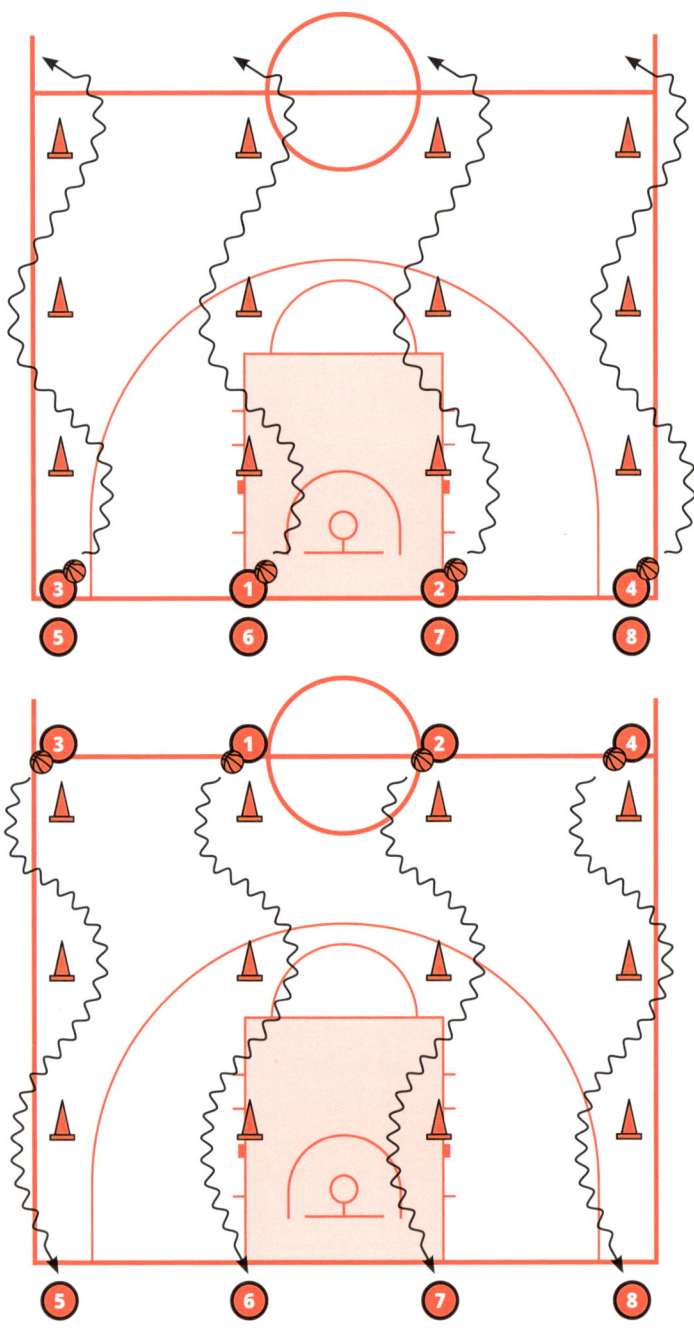

드리블 레이업 연습방법

Dribble

드리블과 레이업을 동시에 하는 운동으로 콘 앞에서 다양한 방향전환 드리블을 연결해 레이업까지 하는 것이다.

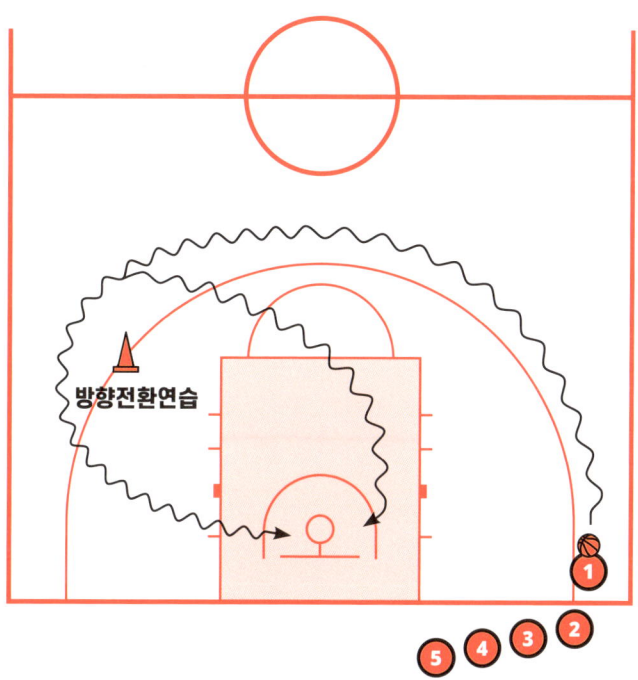

3점라인을 따라 오른손 드리블을 하면서 뛴다.
콘 앞에서 방향을 바꿔 오른손 레이업을 한다.

패스

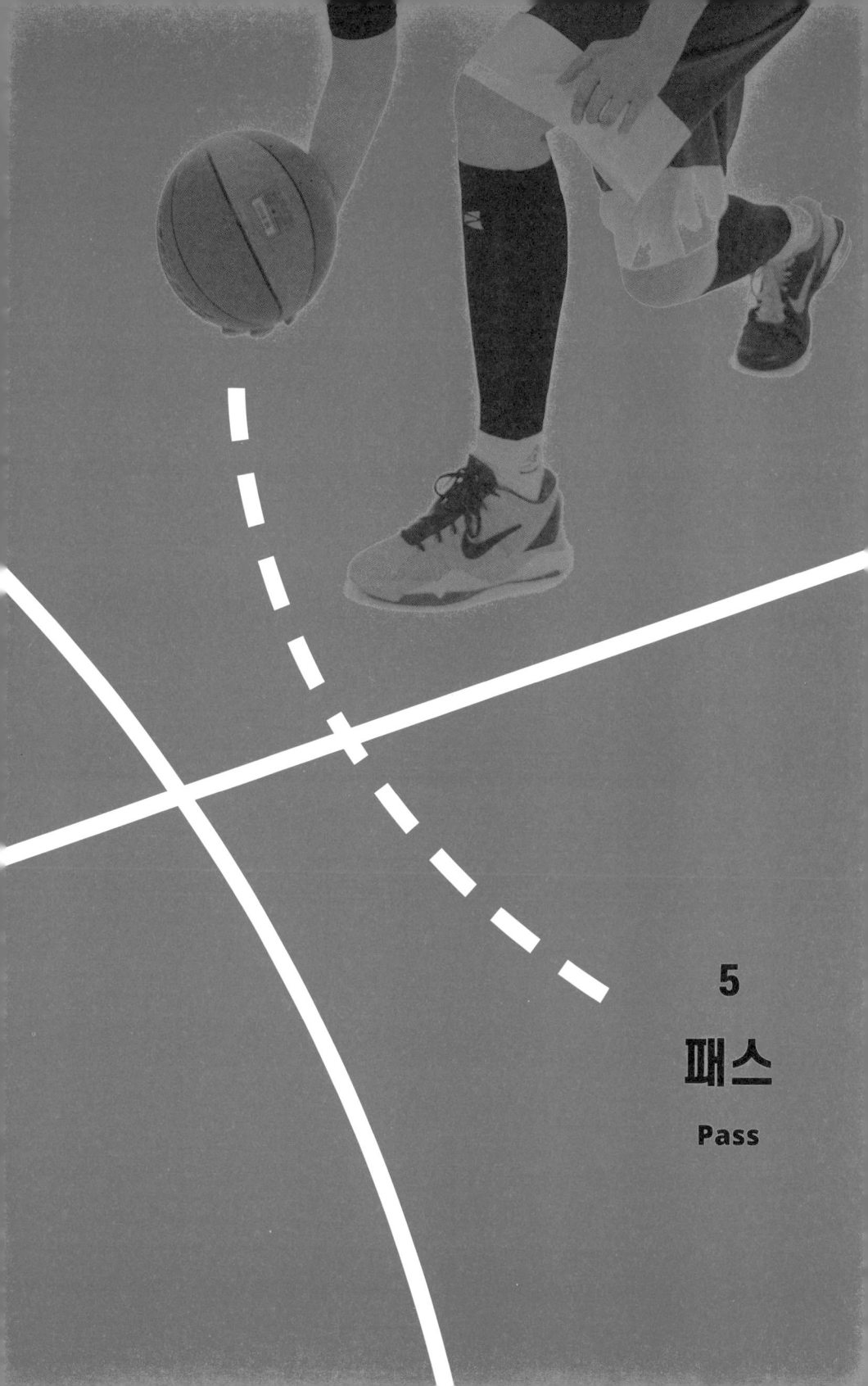

패스

패스는 같은 팀 선수끼리 공을 주고받는 것이다. '좋은 패스가 좋은 슛을 만든다'라는 말이 있는 것처럼 정확한 타이밍에 정확한 위치로 패스를 할수록 경기에 도움이 된다.

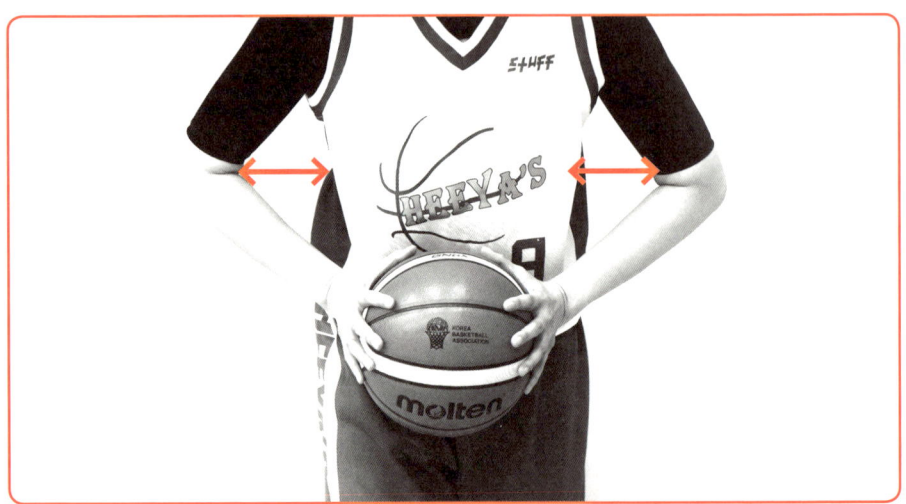

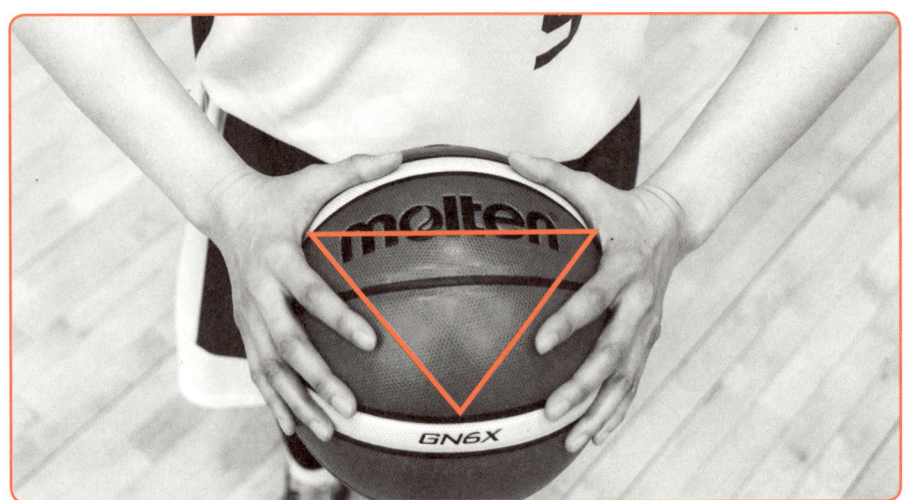

👉 엄지와 검지로 삼각형 모양을 만든 다음 팔꿈치를 최대한 넓게 벌려 공을 잡는다.

① 체스트 패스   **Chest Pass**

체스트 패스는 농구경기 중 가장 많이 사용하는 패스로 안정적이고 정확도가 높다.

TIP 볼의 회전은 슛과 마찬가지로 뒤로 회전하도록 스핀을 준다.
       패스는 신속하고 정확해야 하며 타이밍이 맞아야 한다.

01 팔꿈치를 벌려 공을 배로 당김과 동시에 오른발로 스텝을 잡는다.
02 왼발 스텝을 잡으며 내 배에서 상대방 가슴을 향해 포물선을 그리며 패스한다.
     손등과 손등이 마주보도록 뻗는다.

② 바운드 패스

Bound Pass

바운드 패스는 신장이 작은 사람이 신장이 큰 수비자 앞에서 많이 사용하며
센터에게 패스할 때나 수비자가 타이트하게 붙었을 때 주로 한다.

01

02

03

TIP 바운드 패스는 사람과 사람 사이의 거리에 따라 바운드 하는 지점이 달라진다.
사람과 사람의 거리가 가까우면 나랑 가까운 쪽에 바운드를 하고 사람과 사람의 거리가 멀면
받는 사람쪽으로 바운드 한다.

01 팔을 앞으로 뻗어 공을 잡고 오른발로 착지하는 동시에 팔꿈치를 벌리면서
배쪽으로 공을 당겨온다.

02 왼발을 내딛으며 공을 바운드시켜 패스한다.

03 손을 안으로 모아준다.

③ 원핸드 패스   **One Hand Pass**

원핸드 패스는 수비자의 어깨와 머리 사이로 하는 패스이다.
수비자가 타이트하게 붙었을 때 한다.

01 오른발 스텝을 잡으며 공을 왼쪽 옆구리쪽으로 가지고 온다.
02 왼발 스텝을 내딛으며 왼손으로 패스한다.
03 팔꿈치-손목-손가락을 쭉 뻗어 공을 보내려는 방향으로 힘을 전달한다.
☞ 반대 손도 동일하게 실시한다.

④ 원핸드 바운드 패스　　　　　　　　　　One Hand Bound Pass

원핸드 바운드 패스는 수비자의 팔과 옆구리 사이로 하는 패스이다.
포스트에 패스할 때나 돌파 후 골대 밑에 있는 우리편에게 패스할 때 주로 한다.

01 오른발 스텝을 잡으며 공을 왼쪽 옆구리쪽으로 가지고 온다.

02 왼발 스텝을 내딛으며 오른쪽으로 바운드시켜 패스한다.

☞ 반대 손도 동일하게 실시한다.

⑤ 오버 패스

Over Pass

오버 패스는 신장이 큰 사람이나 롱패스 할 때 주로한다. 수비자가 타이트하게 붙었을 때 오버 패스를 할 경우 패스미스가 많이 일어난다.

- POINT -

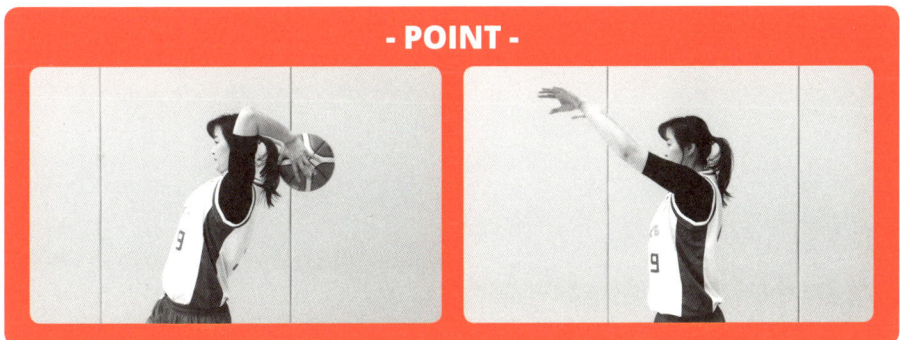

> **TIP** | 배에 힘을 주고 허리의 힘을 활용할수록 보다 멀리 패스할 수 있다.

01 오른발 스텝을 잡을 때 공을 머리 뒤로 넘긴다.
02 왼발 스텝을 잡으며 패스한다.

⑥ 원드리블 패스

원드리블 패스는 드리블하면서 공격할 때 자신 보다 앞에 뛰고 있는 우리편에게 반 박자 빠르게 하는 패스다.

TIP | 드리블할 때 시선은 앞을 바라본다.

01 왼발 스텝에서 공을 오른쪽 옆구리쪽으로 가지고 온다.
02 오른발 스텝을 잡으며 오른발 앞으로 드리블한다.
03 왼발 스텝에서 공을 오른손으로 잡는다.
04 오른발 스텝을 잡으며 오른손으로 패스한다.
05 팔꿈치를 쭉 뻗어 패스한다.
☞ 반대 손도 동일하게 실시한다.

One Dribble Pass

- 원드리블패스 뒷모습 -

⑦ 언더 패스 **Under Pass**

언더 패스는 수비자가 타이트하게 붙었을 때 피벗을 활용해 수비자를 어깨로 방어하면서 하는 패스이다.

01 두 팔의 팔꿈치를 최대한 넓게 벌린 채로 공을 잡고 원스텝으로 착지한다.

02 왼발을 앞으로 내딛으며 공을 무릎 밑으로 내린다.

03 공을 보내고자 하는 방향으로 반원을 그리며 패스한다.

☞ 반대 손도 동일하게 실시한다.

⑧ Give & Go Pass

응용 연습

일자로 서서 패스하고 뛰어가는 연습이다.
스텝 연습과 런닝 연습을 동시에 한다.

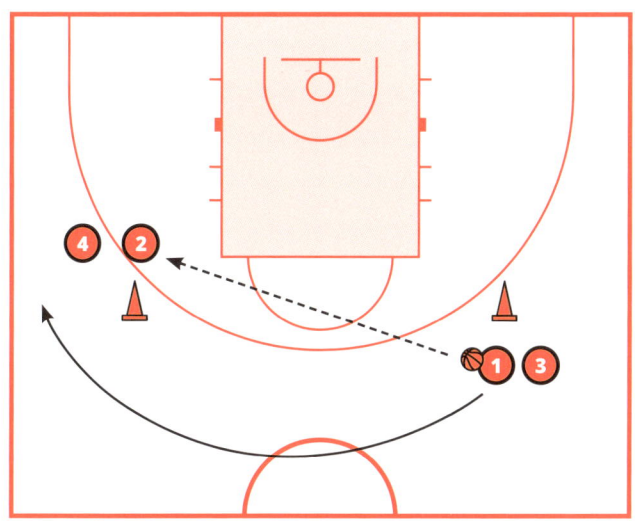

1번이 2번에게 패스하고 4번 뒤로 뛰어가서 선다.
2번은 3번에게 패스하고 뒤로 뛰어가서 선다.
이때 스텝과 동작을 생각하며 패스연습을 해야 한다.

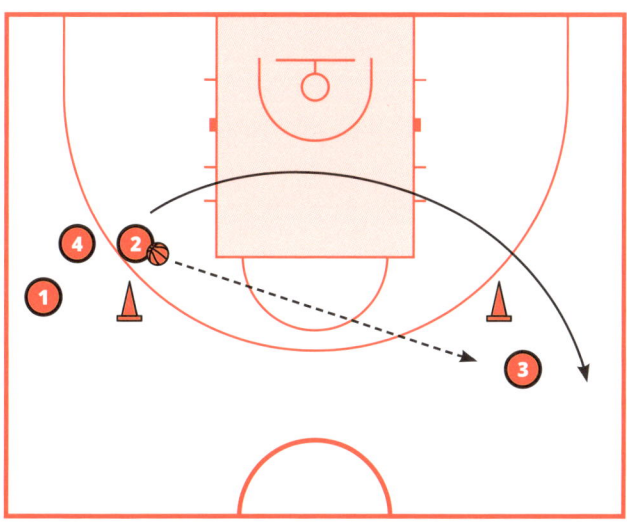

⑨ 삼각 패스 (인원이 9명 이상일 때)

그림과 같이 삼각형 모양으로 선다.
공이 오는 방향으로 스텝을 정확하게 잡는다.

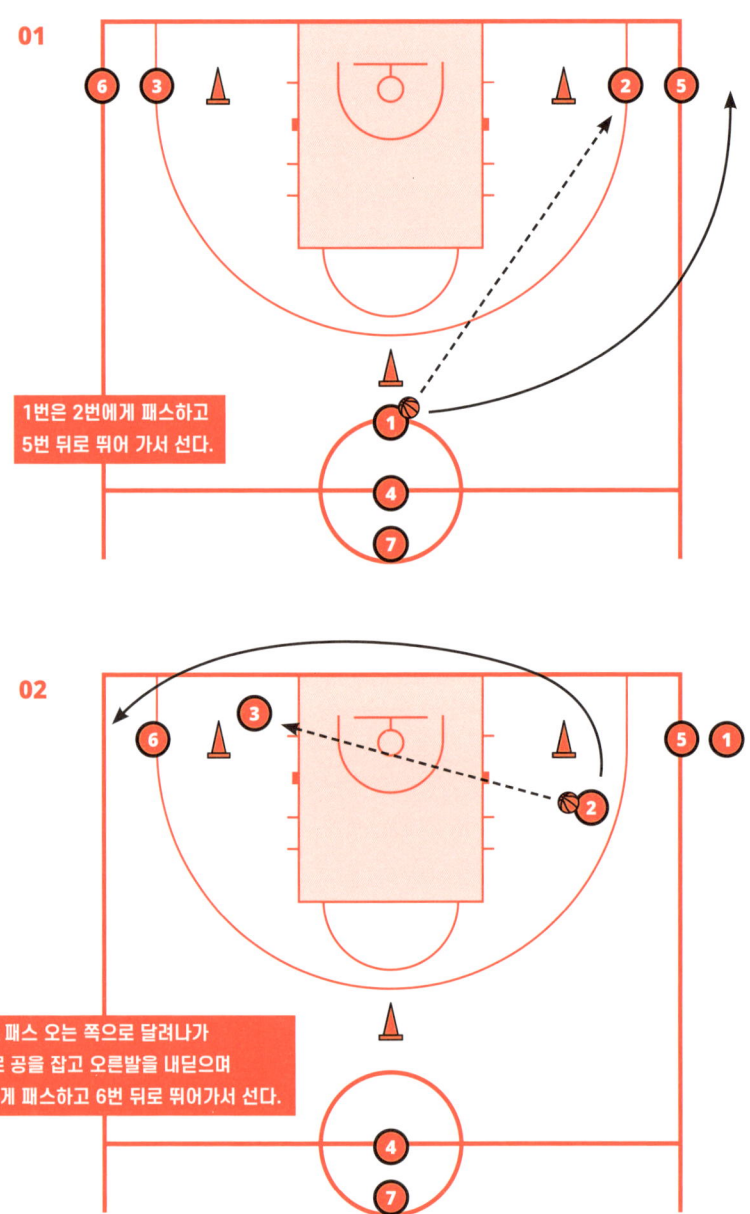

01
1번은 2번에게 패스하고 5번 뒤로 뛰어 가서 선다.

02
2번은 패스 오는 쪽으로 달려나가 왼발로 공을 잡고 오른발을 내딛으며 3번에게 패스하고 6번 뒤로 뛰어가서 선다.

왼쪽에서 오면 왼발 스텝에서 캐치, 오른발 스텝에서 패스.
오른쪽에서 오면 오른발 스텝에서 캐치, 왼발 스텝에서 패스.

3번은 패스 오는 쪽으로 달려나가 왼발로 공을 잡고 오른발을 내딛으며 4번에게 패스하고 7번 뒤로 뛰어가서 선다.

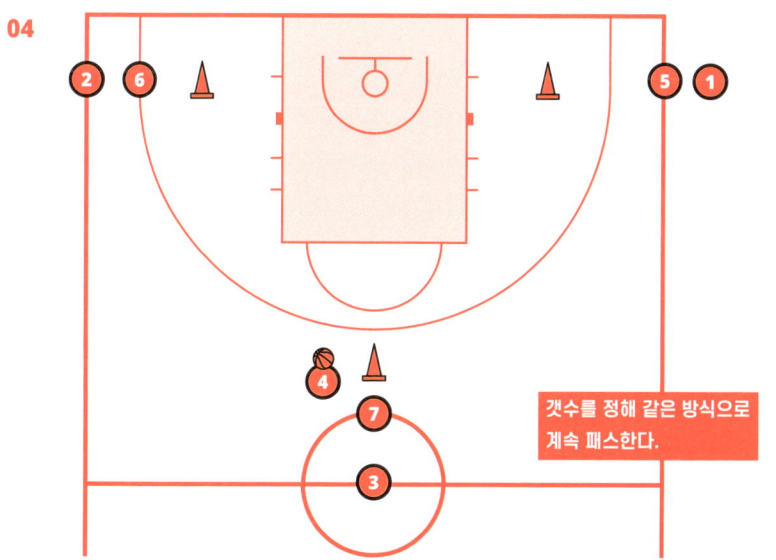

갯수를 정해 같은 방식으로 계속 패스한다.

리바운드

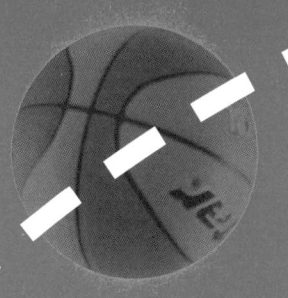

6
리바운드

Rebound

리바운드

'리바운드를 지배하는 자가 게임을 지배한다.'라는 말이 있다.
공중에 뜬 공은 주인이 없는 것이기 때문에 잡는 사람의 공이 된다. 슛의 성공률은 100%가 아니므로 공이 림을 맞고 공중에 뜰 것이라는 생각으로 리바운드에 꼭 참여해야 한다.

① 박스아웃 리바운드

투핸드/원핸드 캐치 리바운드 전 공격자가 자유롭게 공격 리바운드에 참여하지 못하게 하는 것이다.

01 공격자가 슛을 하면,
02 수비자세에서 왼발을 움직여 공격자에게 몸을 붙인다.
03 오른발을 움직이며 수비자의 위치를 엉덩이 감각으로 확인한다.

Box out Rebound

04-05 자세를 낮추고 엉덩이로 공격자에게 밀리지 않도록 지탱하며 점프해서 공을 먼저 잡고 배 앞으로 가지고 온다.

② 투핸드 캐치 리바운드

리바운드의 기본적인 볼 캐치는 두손으로 하는 것이다. 수비자를 몸으로 방어하며 슛하는 사람의 공을 정확하게 보고 떨어지는 위치를 예측해 공을 잡는다.

01 시선은 공에 집중한다.
02-03 림에 맞는 순간 공을 향해 점프해 양손으로 공을 잡아 배 쪽으로 당겨온다.
04 양발을 어깨너비보다 넓게 벌리고, 허리를 숙여 중심을 잡으며 공을 지킨다.

Two Hand Catch Rebound

*아울렛 패스: 속공을 시작하기 위한 첫 번째 패스

| TIP | 수비 리바운드를 잡을 때는 아울렛 패스를 가장 가까운 사이드 쪽으로 한다.
공격 리바운드를 잡았을 때는 공중에서 바로 슛을 하거나, 착지 후 천천히 수비자를 보고 골밑슛을 한다. |

③ 원핸드 캐치 리바운드

원핸드 캐치 리바운드는 공격자를 박스아웃하는 과정에서 두 팔을 사용하기 어려울 때나 뛰어 들어오면서 리바운드에 참여할 때 주로 사용한다.

01 시선은 공에 집중한다.

02-03 림에 맞는 순간 공을 향해 점프해 한 손으로 공을 잡아 배 쪽으로 당겨온다.

04 양발을 어깨너비보다 넓게 벌리고, 허리를 숙여 중심을 잡으며 공을 지킨다.

One Hand Catch Rebound

* 원핸드 캐치 리바운드: 골인 되지 않고 림이나 백보드에 맞아서 팅겨 나온 공을 공중에서 한 손으로 캐치하는 것
* 박스아웃: 리바운드를 먼저 잡기위해 페인트존 밖으로 상대선수를 최대한 밀어내는 행위

피벗

7
피벗
Pivot

피벗

피벗은 한 발을 축으로 다른 한 발을 움직이는 것이다.
페이크 동작이나 돌파 후 슛이나 패스할 때 한다.

① 인사이드 피벗 In-side Pivot

01 다리를 어깨너비보다 넓게 벌리고 팔꿈치를 최대한 벌린 상태에서 공을 배에 끼고 허리를 숙인다.
02 오른발을 축으로 왼발만 움직일 수 있다.
03 가슴쪽으로 움직여 오른발로 반원을 그려 회전한다.

수비자가 타이트하게 붙었을 때 상체만 움직여 수비자를 피하는 것이 아니라 피벗을 활용해 공을 지킨다. 수비자와 나의 거리에 따라 인사이드 피벗과 아웃사이드 피벗 중 선택한다.

② 아웃사이드 피벗   **Out-side Pivot**

상체를 움직이지 말고 숙인 채로 공을 보호하고 발을 움직인다.

01 다리를 어깨너비보다 넓게 벌리고 팔꿈치를 최대한 벌린 상태에서 공을 배에 끼고 허리를 숙인다.

02 오른발을 축으로 왼발만 움직일 수 있다.

03 오른발을 엉덩이 뒤쪽으로 돌려 반원을 그리며 회전한다.

③ 페이크 피벗

페이크 피벗은 1대1 상황이나 공을 잡고 바로 드라이브-인이나 슛을 할 때 주로 한다.

01 슛폼을 잡는다.
02 왼쪽 방향으로 드라이브-인 한다는 마음으로 발을 뻗는다.
03 오른쪽 방향으로 드라이브-인 한다는 마음으로 발을 뻗는다.

Fake Pivot

04-05 가슴쪽으로 돌면서 다시 왼쪽 방향으로 드라이브-인 한다는 마음으로 발을 뻗는다.
06 슛자세로 다시 온다.
⋯▸ 축으로 삼은 발은 절대 바닥에서 움직이면 안 된다.

> **TIP** 피벗을 할 때 마다 공의 위치가 바뀌어야 하며, 언제든지 슛·패스·드리블을 할 수 있도록 공을 잡는다.

01 슛폼을 잡는다.
02 왼쪽 방향으로 드라이브-인 한다는 마음으로 왼발을 뻗는다.
03 슛폼을 잡는다.
04 오른쪽 방향으로 드라이브-인 한다는 마음으로 왼발을 뻗는다.
05 슛폼을 잡는다.

- POINT -

디펜스

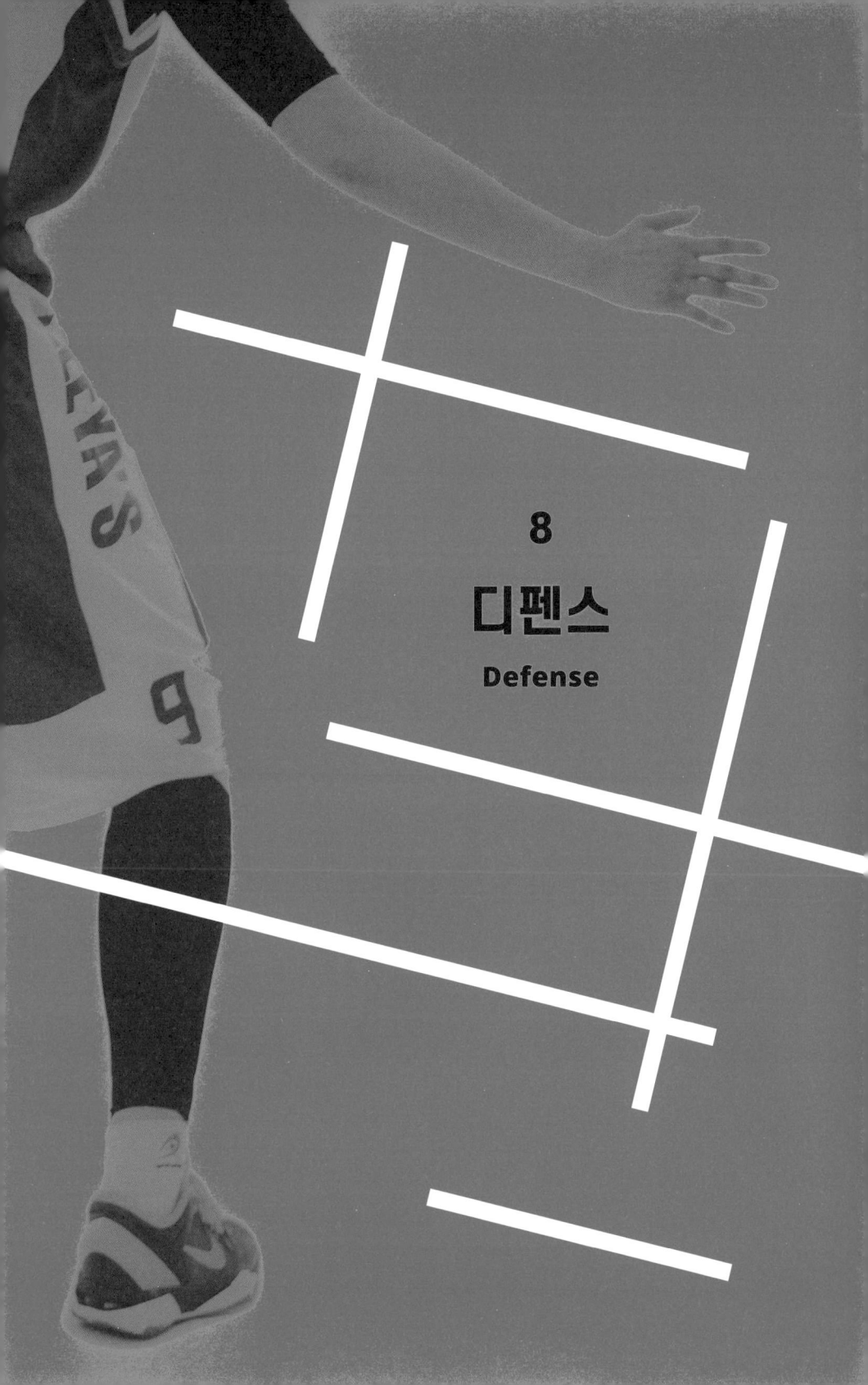

8
디펜스
Defense

디펜스

공격자를 방어하기 위해서는 공격자보다 발이 빠르고 자세가 낮아야 한다.
반복적인 스텝 연습은 공격자보다 빠르게 움직일 수 있게 만들어준다.
농구에서 공격을 아무리 잘 해도 수비를 못 한다면 경기에서 승리할 수 없다.

① 디펜스 자세 — Defense Stance

01 공격자가 내 품안에 위치할 수 있도록 어깨너비보다 넓게 다리를 벌리고 양팔을 가슴높이로 올려 쫙 편다. 허벅지에 힘이 들어갈 텐데 내가 편하게 움직일 수 있는 스쿼트 자세를 잡는다.

② 볼맨 디펜스 자세 — Ball Man Defense Stance

TIP 수비할 때는 공격자를 내 품 안쪽에 위치시켜야 한다.

01 오른발은 앞에, 왼발은 옆에 두고 (L자 모양) 하프스쿼트 자세로 앉는다.
02 오른손 손바닥은 공을 향하고, 왼손 손바닥은 패스를 막기 위해 옆으로 뻗는다.

③ 사이드 스텝　　　　　　　　　　　　　　Side Step

디펜스의 기본 스텝으로 공격자가 피벗을 할 때나 짧은 거리로 움직일 때 주로 사용한다.
수비 스텝은 어느 방향으로든 공격자 보다 빠르고 자유롭게 움직여야 한다. 횟수와 시간을 정해
반복적으로 연습하는 것이 효과적이다.

TIP | 연습시 첫 스텝을 길게 연습한다.

01 기본 디펜스 자세를 잡는다.
02 진행방향 쪽 발을 길게 뻗는다.
03 뒷발은 자연스럽게 따라오면 된다.

④ 크로스 스텝　　　　　　　　　　　　　　**Cross Step**

공격자가 빠르게 돌파해올 때 주로 한다.

01 기본 디펜스 자세를 잡는다.
02-03 진행방향이 왼쪽이라면, 오른발을 왼발 앞쪽으로 크로스 하여 길게 뻗는다.
04 왼발을 빠르게 움직여 기본디펜스 자세를 잡는다.

⑤ 사이드 스텝 & 점핑 크로스 스텝 & 사이드 스텝

Side step & Jumping Cross Step & Side Step

수비 상황에 맞는 스텝을 사용할 수 있도록 다양한 스텝을 연습하는 것이 좋다.

TIP 사이드 스텝과 크로스 스텝 그리고 점핑 크로스 스텝은 최대한 넓게 멀리 뛰는 연습을 하는 것이 좋다. 스텝들을 응용해 다양한 상황을 연출하며 연습한다.

01 기본 디펜스 자세를 잡는다.

02-03 사이드 스텝으로 간다.

04 가볍게 점프를 하면서 발을 크로스로 넘긴다.

05 착지 후 다시 사이드 스텝을 한다.

⑥ 디펜스 응용연습

이미지 트레이닝을 하면서 수비 스텝 연습을 동시에 하는 것이다.

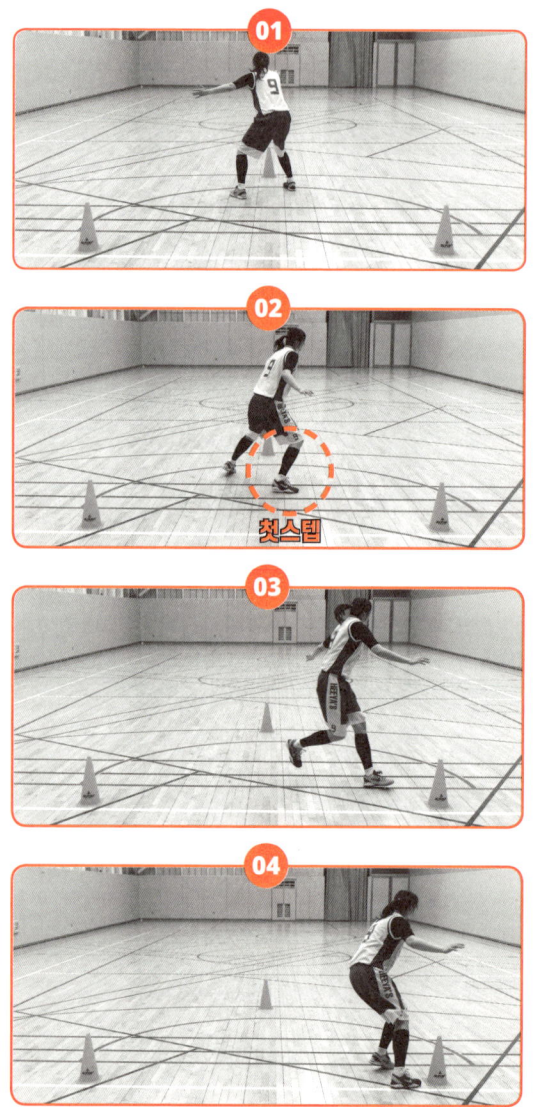

01 처음엔 공격자가 있다고 가정하고 수비자세(스텝을 계속 움직이고 있는다=잔발)를 취한다.
02-03-04 공격자가 오른쪽으로 드라이브-인을 했다고 생각하고, 사이드-크로스 스텝으로 이동한다.

05-06-07 내가 마크하는 공격자가 공을 잡았다고 가정하고 슛을 막으려 사이드- 크로스 스텝으로 이동해 수비한다.

08-09-10 공격자가 왼쪽으로 드라이브-인을 한다고 가정하고 사이드-크로스 스텝으로 이동한다.

10-11-12 내가 마크하는 공격자가 공을 잡았다고 가정하고 슛을 막으려 사이드- 크로스 스텝으로 이동해 수비한다.

EPILOGUE

이 책을 내는 이유

나는 10살에 농구를 시작하여 초중고 시절까지 여러 지도자들을 만났다. 대부분의 지도자들이 선배 학생들에게 후배를 가르쳐 보라며 시간을 주었다. 나는 내가 직접 뛰는 것도 좋아했지만 후배들이 내가 가르쳐준 내용을 선생님이 가르쳐줄 때보다 더 잘 이해하는 모습에 즐거워하면서 나도 모르게 막연하게나마 지도자를 꿈꾸고 있었던 것 같다. 그 후로 프로 선수로 활동하고 은퇴하기 전까지 많은 지도자를 만나는 동안 나는 지도자의 스타일을 관찰하게 되었다. 어떤 스타일로 훈련시키는지, 어떻게 설명하는지, 지도자 스스로 공부를 하는지도 관찰했다.

지도자의 중요성을 절실히 느꼈던 것은 매 경기의 승패가 중요한 프로선수 생활에서였다. 지도자는 말 한마디로 선수들에게 좋거나 나쁜 영향을 줄 수 있는 절대적인 사람이다. 그래서 선수생활을 하는 동안 만난 다양한 지도자들을 통해 나는 성장하고, 기쁘고, 아프고, 힘들고, 행복했다.

2005년, 은퇴를 결심한 나는 미래를 위한 계획을 세우면서 농구의 본고장인 미국에서 지도자 연수를 하기로 결심했다. 당시 여자선수 출신으로 미국에 지도자 연수를 다녀온 선배도 없었고, 가고 싶다고 말하는 선수도 없었다. 팀 동료나 선배들 모두 날 말렸다. 미국에 다녀오지 않아도 지도자는 할 수 있다고…. 옛 스승님들께도 조언을 구했지만 미국보다는 일본을 추천하거나 지금 바로 지도자를 해도 괜찮다는 답을 들었다.

그래도 포기하지 않았다. 대신 직접 해결해야 했다. 미국에 지도자 연수를 다녀오기 위한 정보를 계속 찾았고, 지인들의 도움으로 에이전

트를 소개받아 미국의 대학 팀을 알아보기 시작했다. 결국 UC Santa Babara 여자농구팀에서 연수를 받게 되었다. 이 팀은 미국대학농구 소속팀이자 BIG WEST Conference에서 11년 연속 우승한 강팀이었다.

　1년 간의 지도자 연수를 마치고 돌아온 지 한 달도 안 되어 모교 팀의 지도자 제안을 받았다. 어떤 팀을 맡아야겠다는 계획이 뚜렷했던 것은 아니지만 중학교 팀의 지도자는 깊이 생각해보지 않았었다. 고민하던 나는 어린 학생부터 가르쳐보라는 스승님의 조언에 힘입어 지도자 생활을 시작하게 되었다. 뜻밖의 선택이었지만 어린 학생부터 지도한 것이 지도자로 성장하는데 큰 힘이 되었다.

　지도자로 처음 맡은 팀은 선수가 4명인 중학교 농구부였다. 5명이 한 팀으로 경기하는 종목의 선수단이 4명이라니, 망했다는 생각이 앞섰다. 그렇게 선수들과 3년 동안 모험 아닌 모험을 하고나니 아이든 어른이든 잘 가르칠 수 있겠다는 자신감이 생겼다. 중학교 팀을 지도하고 있었지만, 초등학교와 고등학교 농구팀과도 교류하면서 선수들을 지도할 수 있는 기회가 있었다. 학생들의 나이와 수준에 맞춰 설명하기 위해 어떻게 하면 이해하기 쉽게 알려줄 수 있을까 오래 고민했던 것이 지도자로서의 역량을 키우는 데에도 도움이 된 것 같다.

　농구에 관한 정보가 부족한 데 대한 갈증이 늘 컸다. 선수 시절에 궁금한 것이 있어 질문하면 그냥 가르쳐주는 대로 하라는 답이 돌아오기 일쑤였고, 다른 지도자들로부터 내가 지도하는 방식에 대한 질문을 받을 때마다 말로 설명하는 것에 그치는 것이 아쉽기도 했다. 미국에서 서점을 방문할 때마다 농구에 관한 책을 찾았지만 농구의 기초를 체계적으로 설명하는 책은 몇 권 없었고, 대부분 기술이나 전술에 관한 책이었다. 국내에서 출간된 농구에 관한 서적들도 아쉬운 것은 마찬가지였다. 공부가 그렇듯 운동도 기초가 중요하다. 운동을 시작할 때 잘못된 자세에 익숙해지면 나중에 고치기 어렵기 때문이다.

이런 이유로 농구를 시작할 때 익혀야 할 기본적인 자세와 동작, 훈련법과 이 시기에 궁금해 할만한 정보를 알려주기 위해 이 책을 쓰게 되었다. 농구에 처음 입문할 때부터 바르고 멋진 자세를 정확하게 습득해야 계속해서 그 자세로 운동할 수 있다. 누구나 이 책을 통해 정확하고 꾸준하게 연습하면 멋진 자세와 좋은 기량으로 이어질 수 있을 만한 내용을 담았다. 농구를 처음 시작하는 분들은 물론 이들을 가르치는 지도자에게 이 책이 특히 유용하게 쓰이길 기대한다. 모쪼록 이 책이 보다 많은 사람들이 농구공을 들고 농구장을 찾도록 하는데 도움이 되기를 바란다.

부 록

1. 풀코트
2. 하프코트
3. 훈련일지

풀코트 작전노트

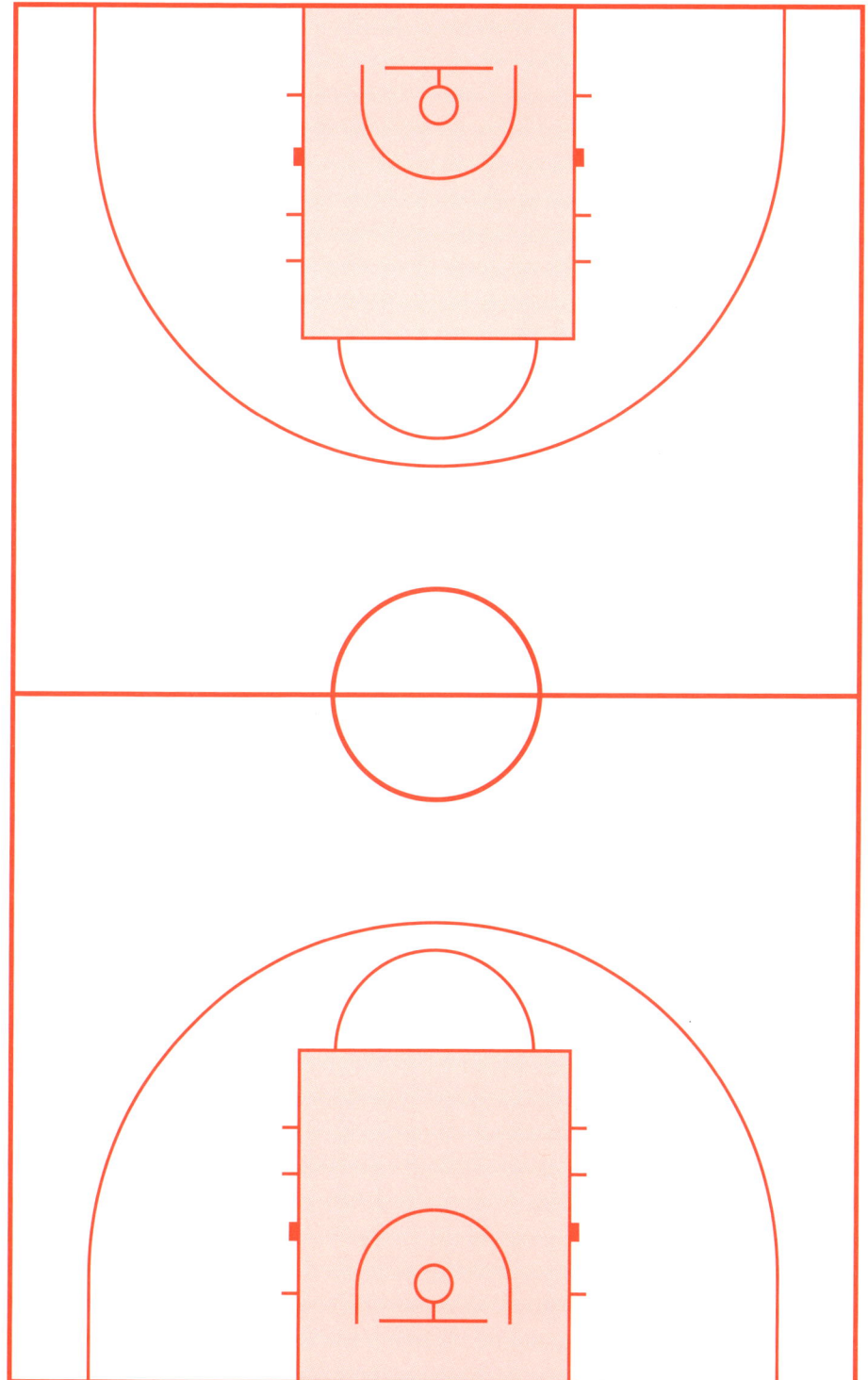

풀코트 작전노트

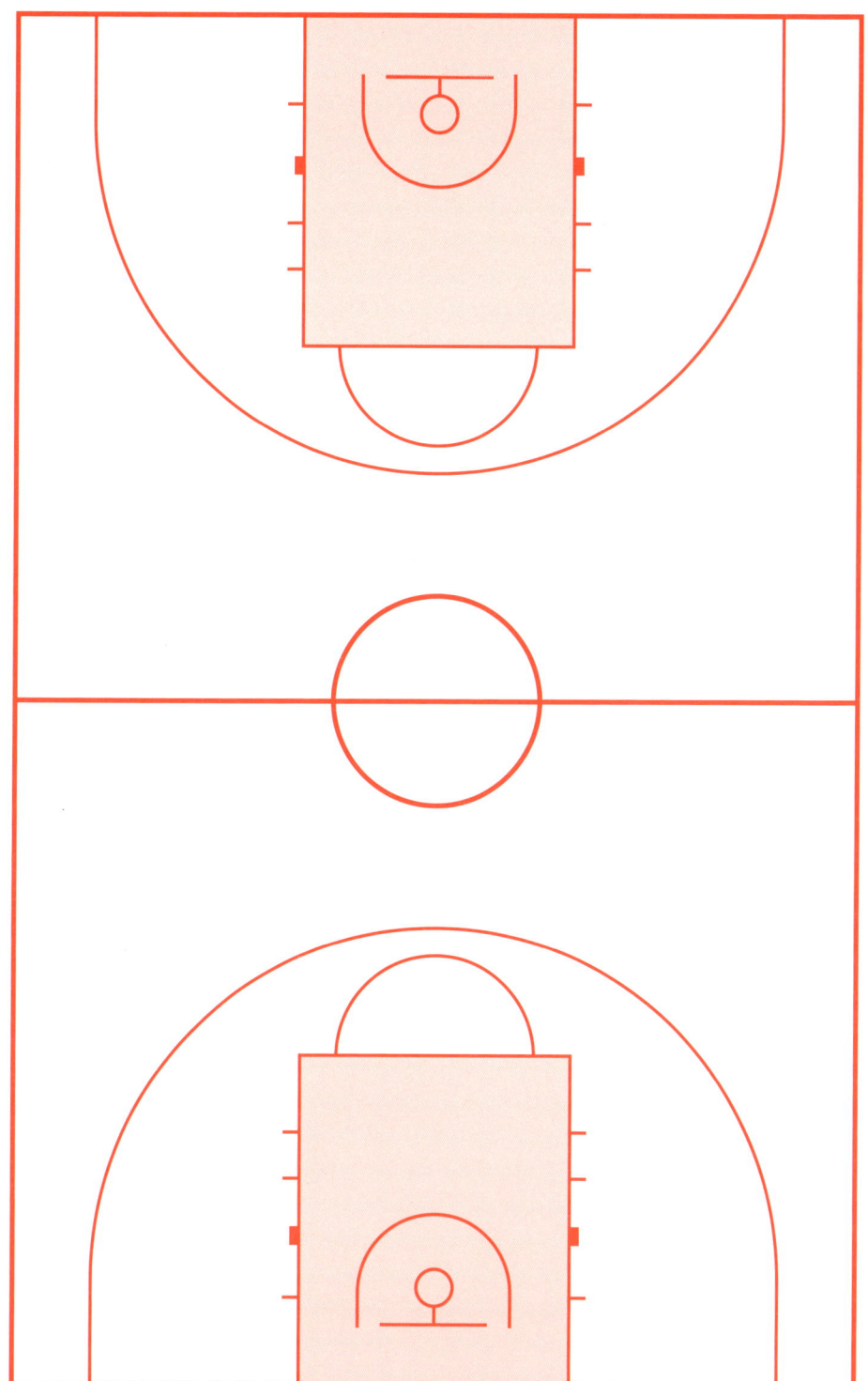

풀코트 작전노트

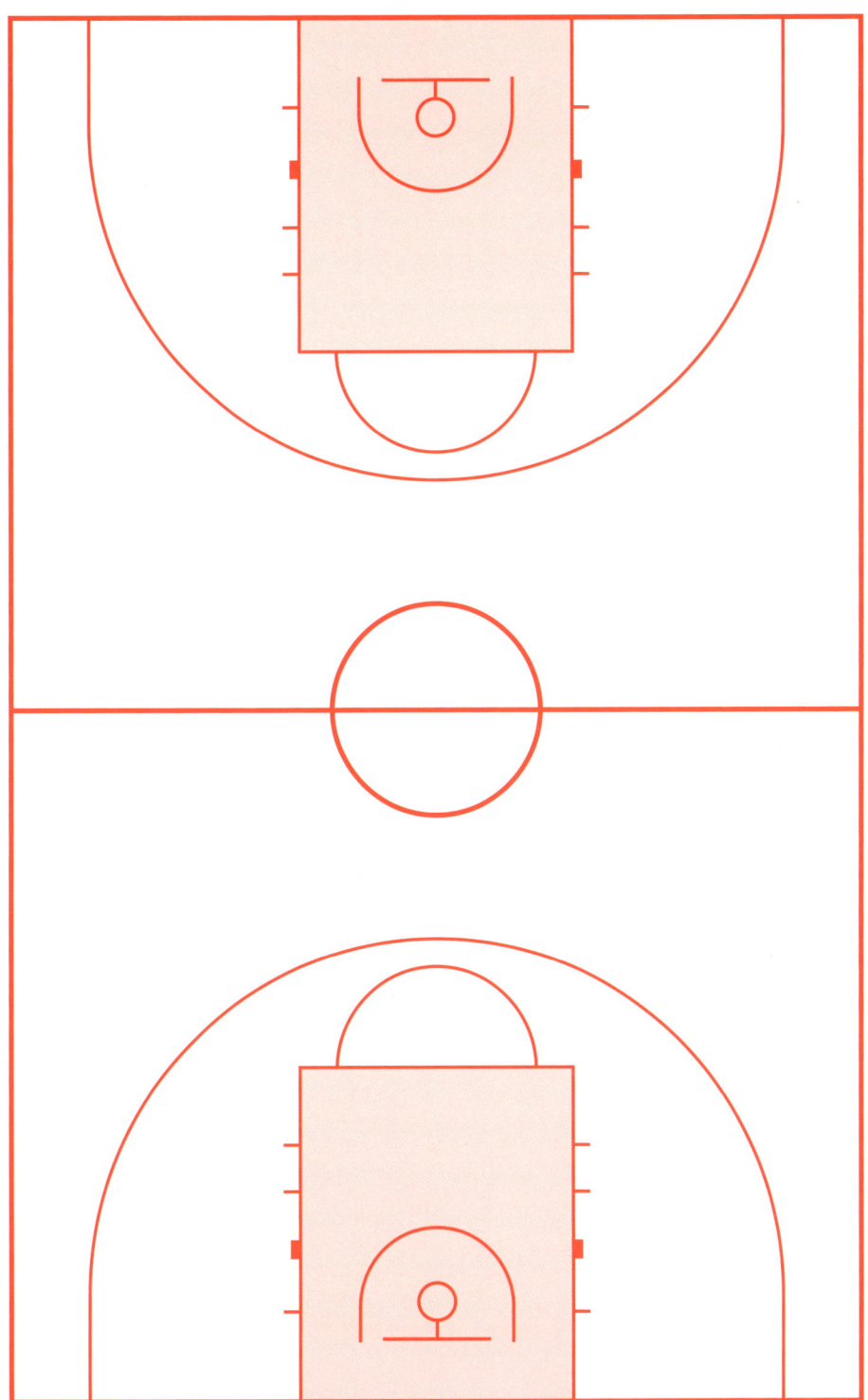

풀코트 작전노트

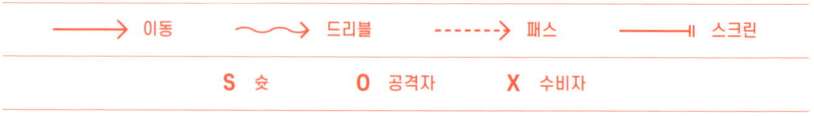

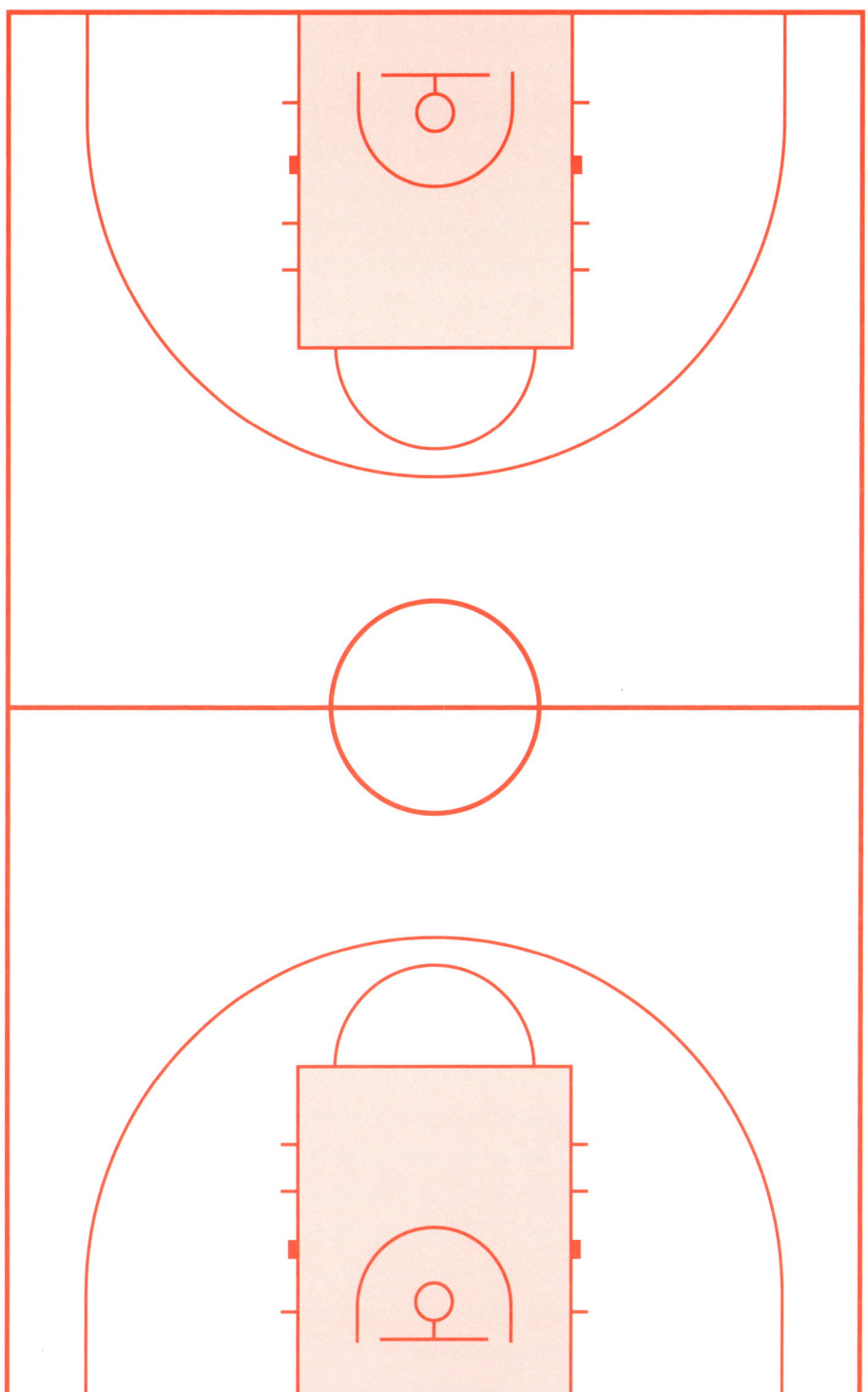

풀코트 작전노트

───→ 이동　　⌇→ 드리블　　------> 패스　　───┤ 스크린

S 슛　　**O** 공격자　　**X** 수비자

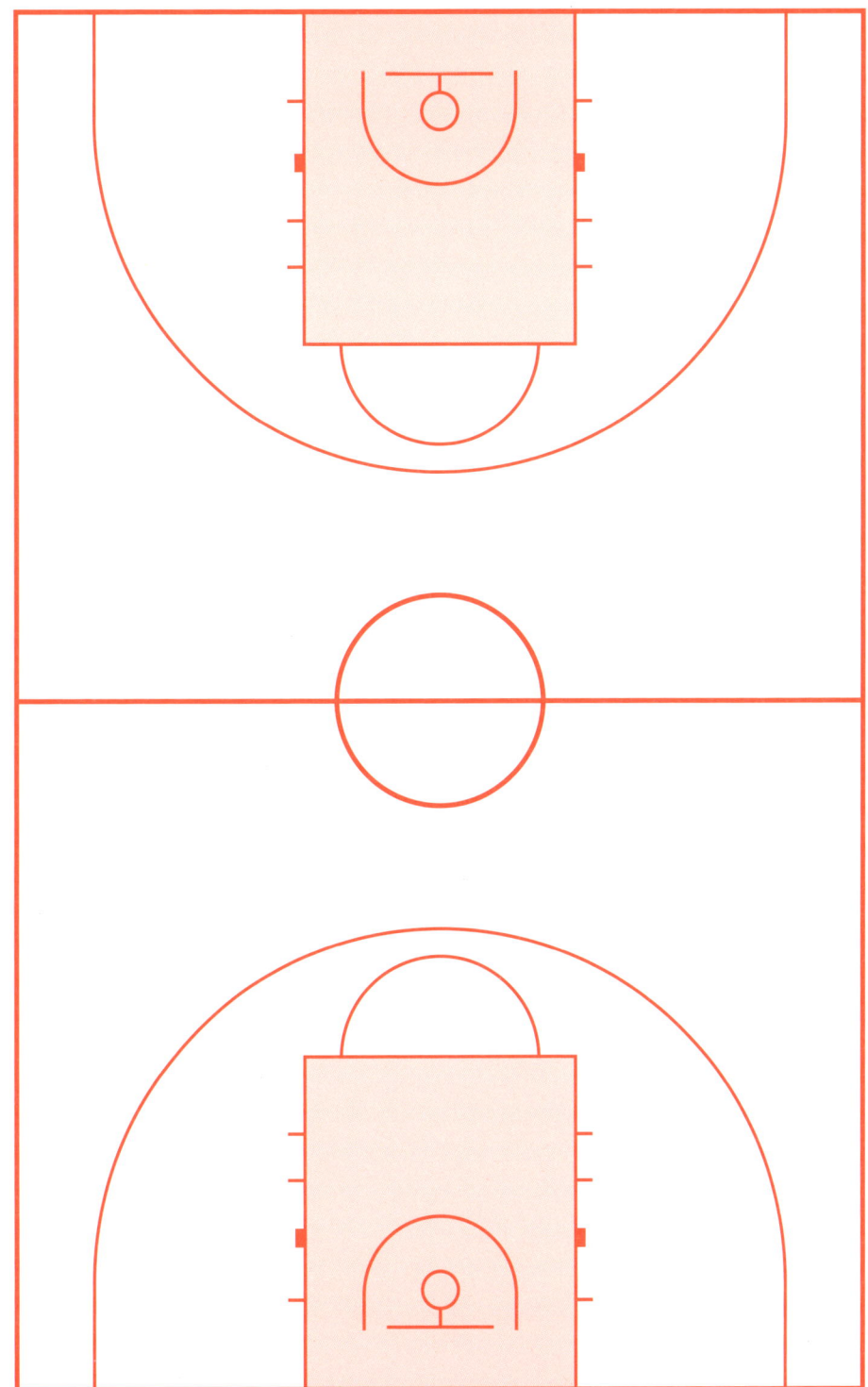

풀코트 작전노트

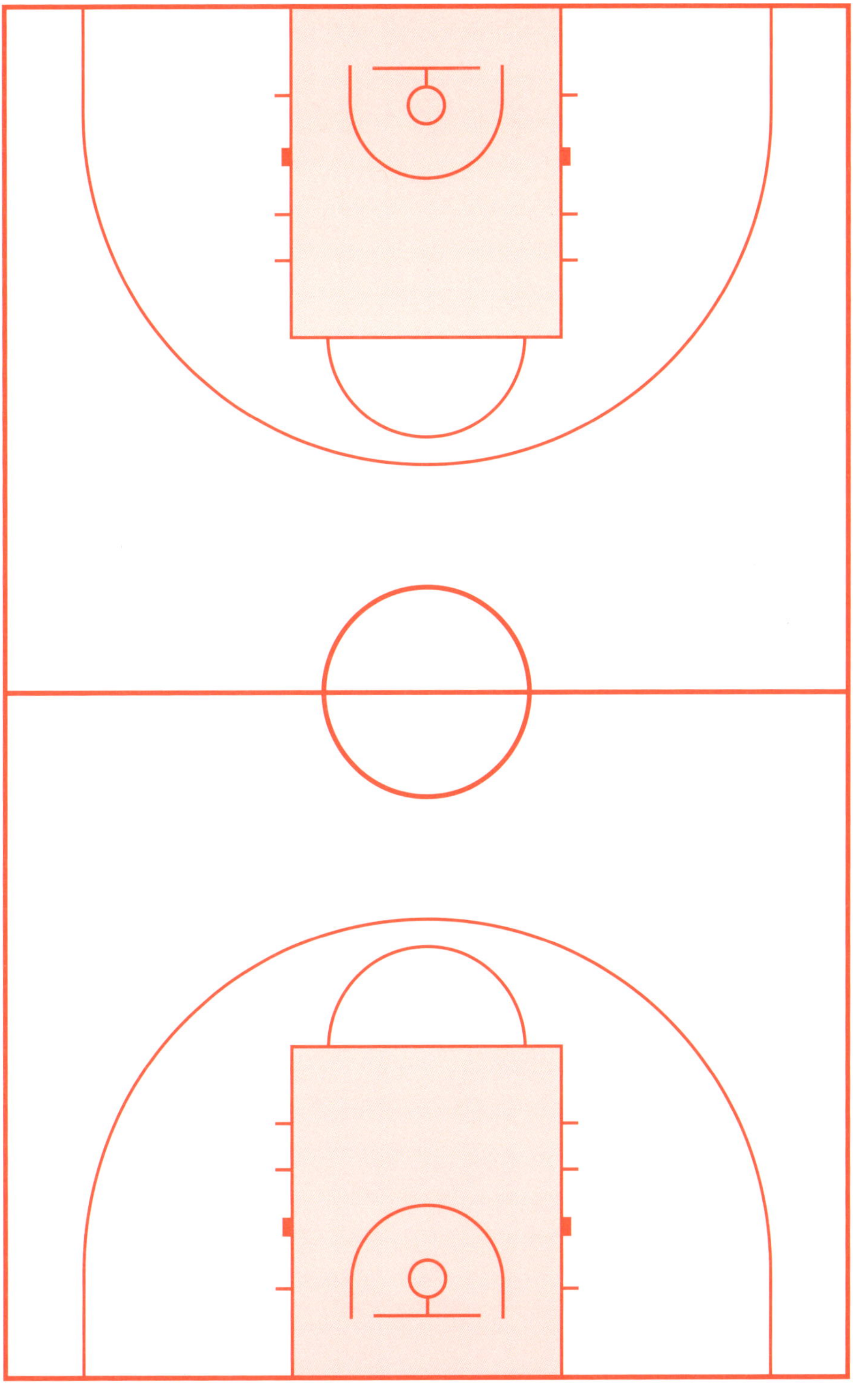

풀코트 작전노트

→ 이동   ～→ 드리블   ------> 패스   ——⊣ 스크린

S 슛   **O** 공격자   **X** 수비자

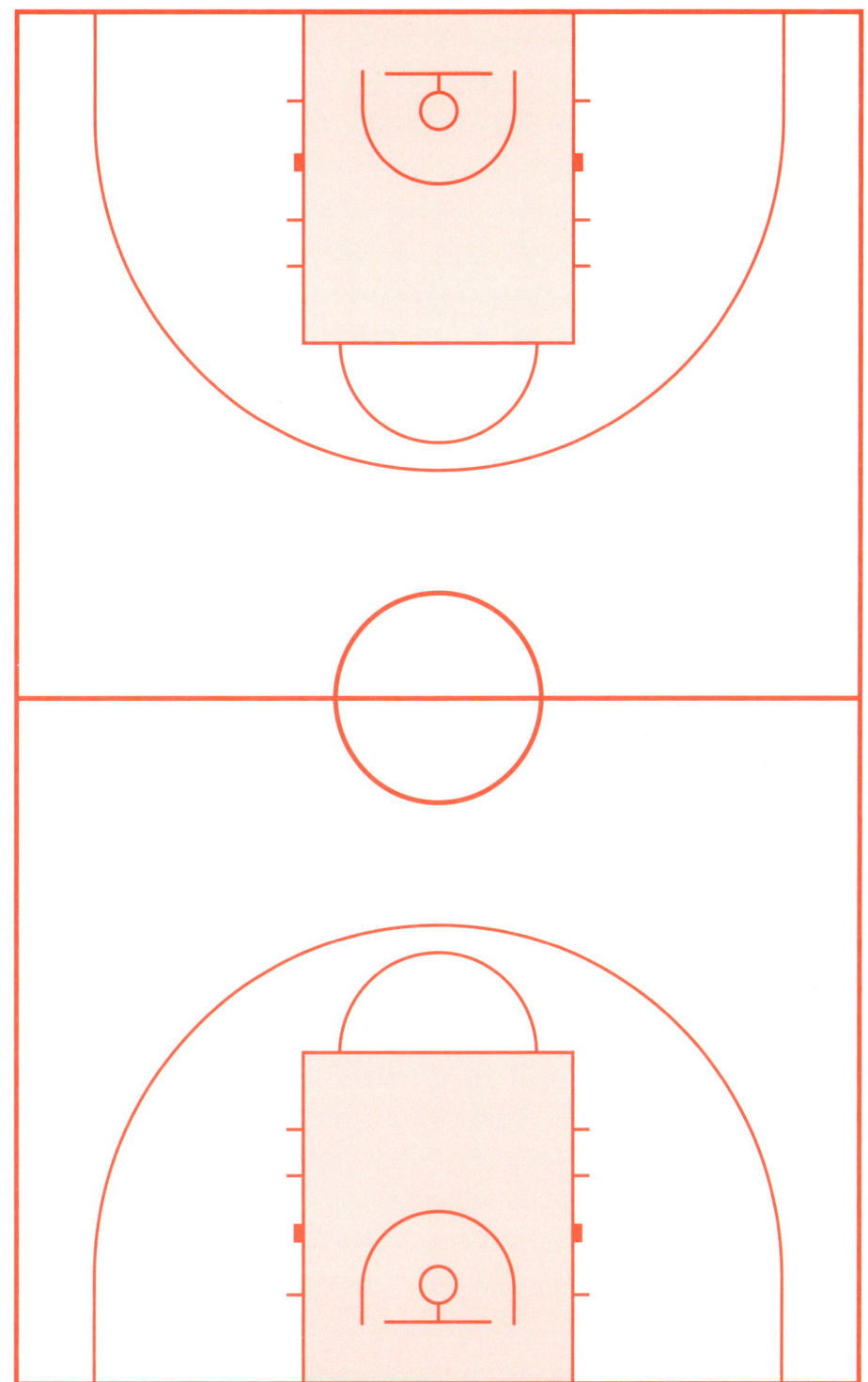

풀코트 작전노트

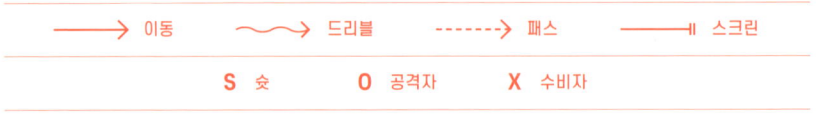

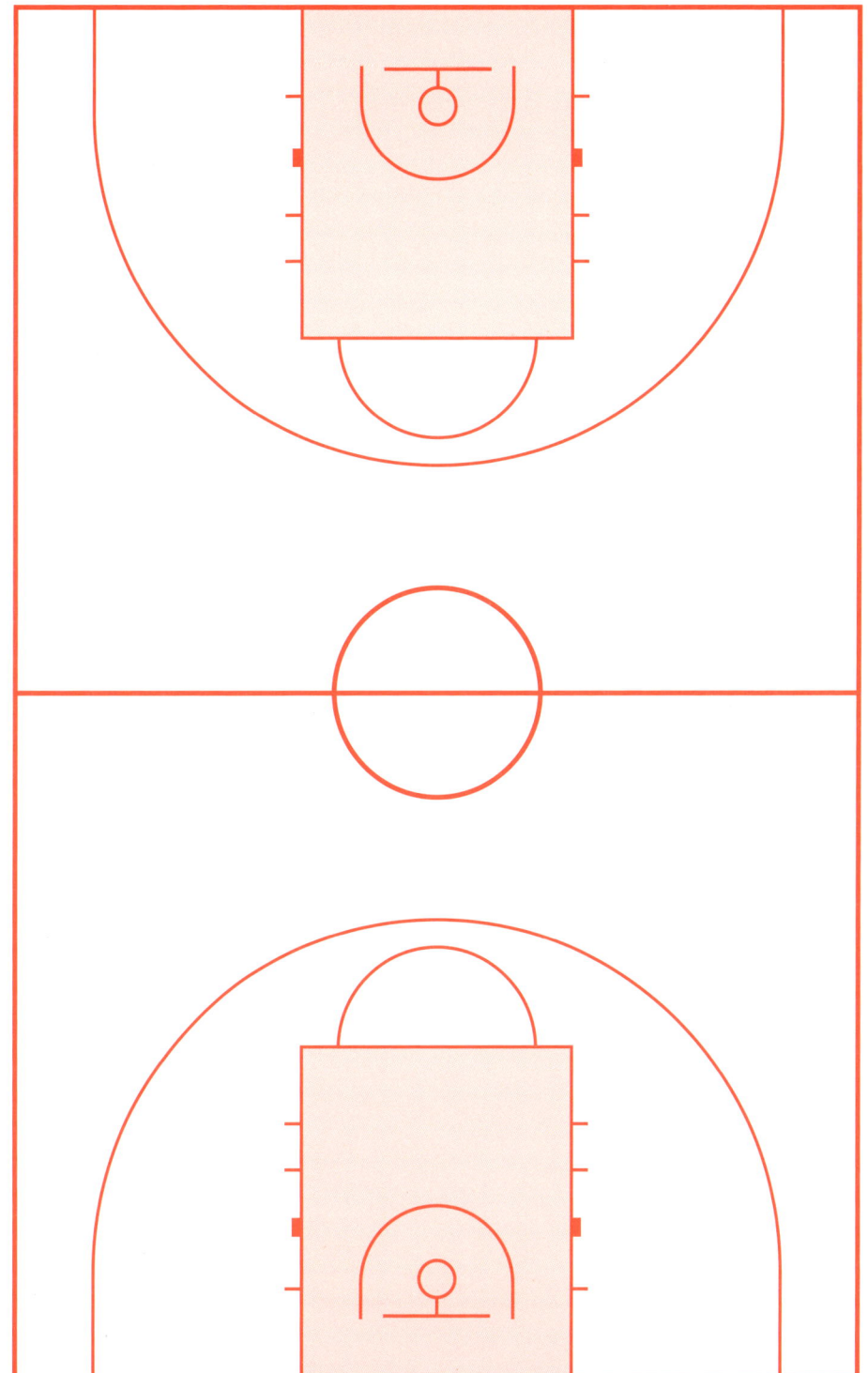

풀코트 작전노트

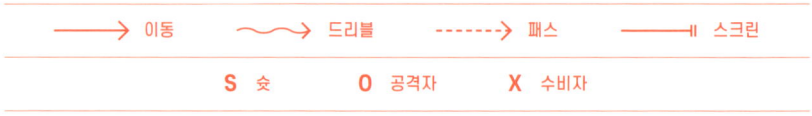

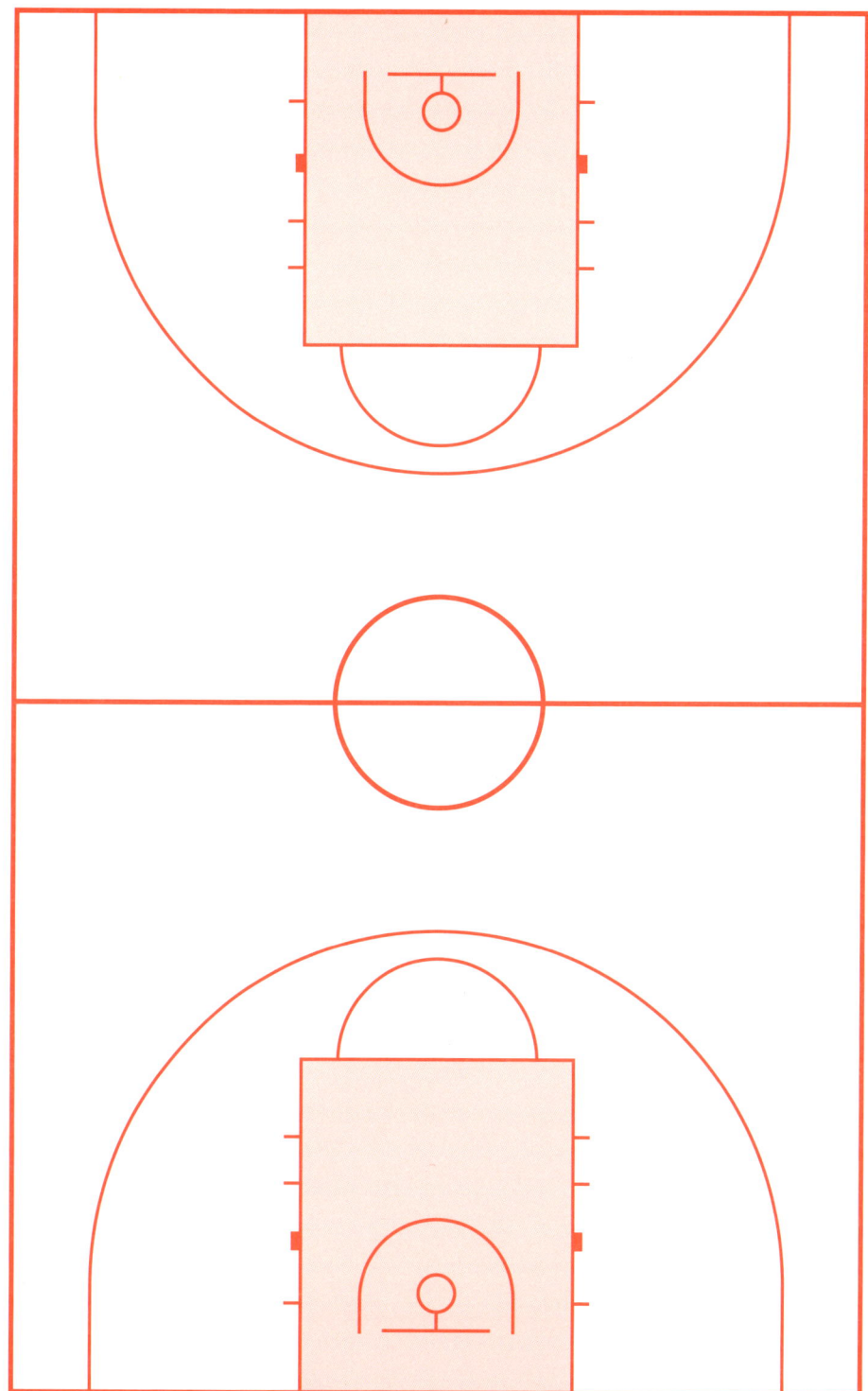

풀코트 작전노트

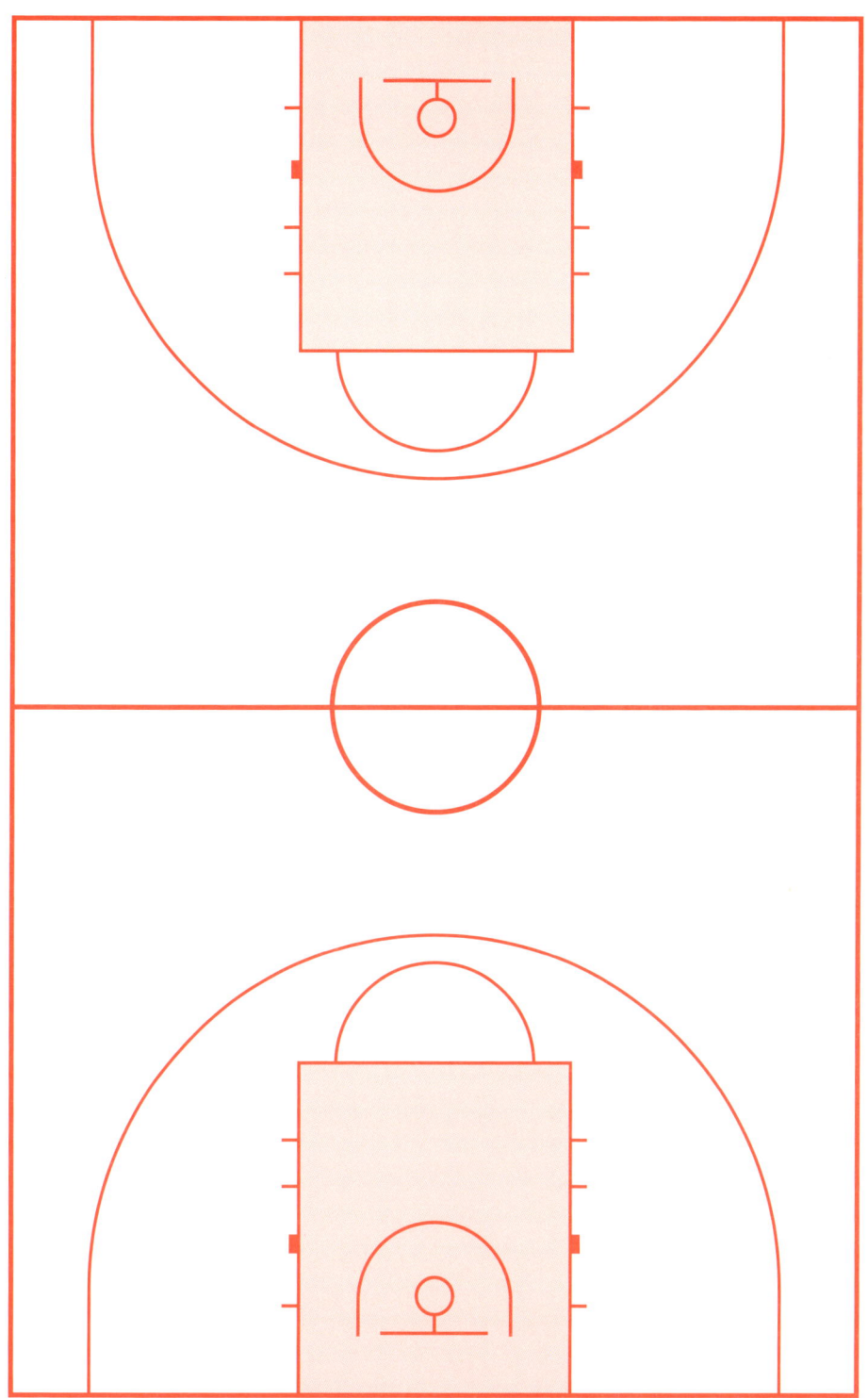

하프코트 작전노트

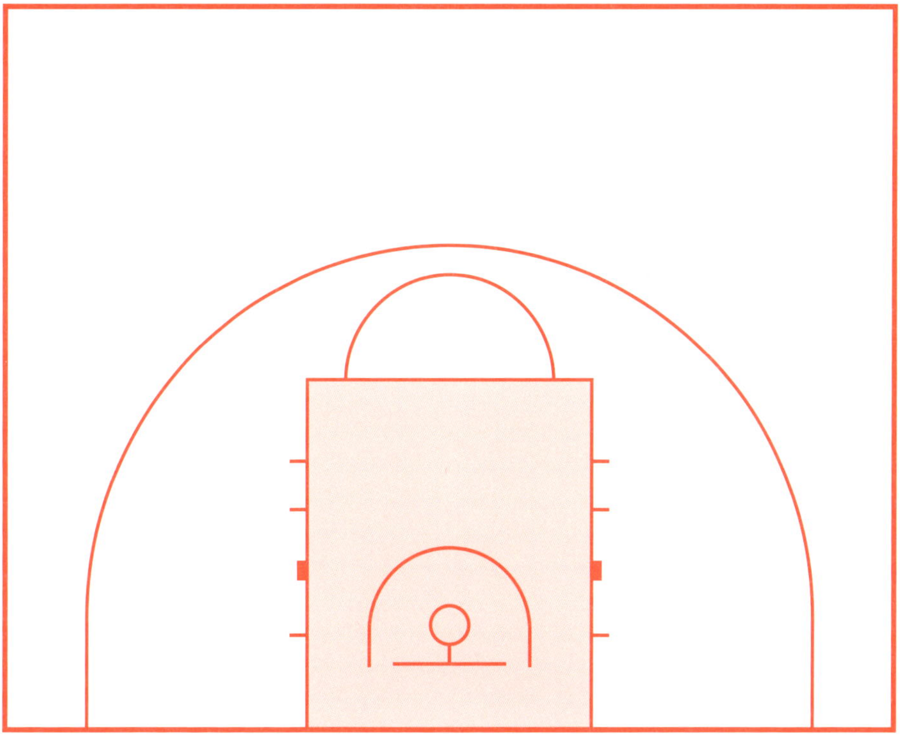
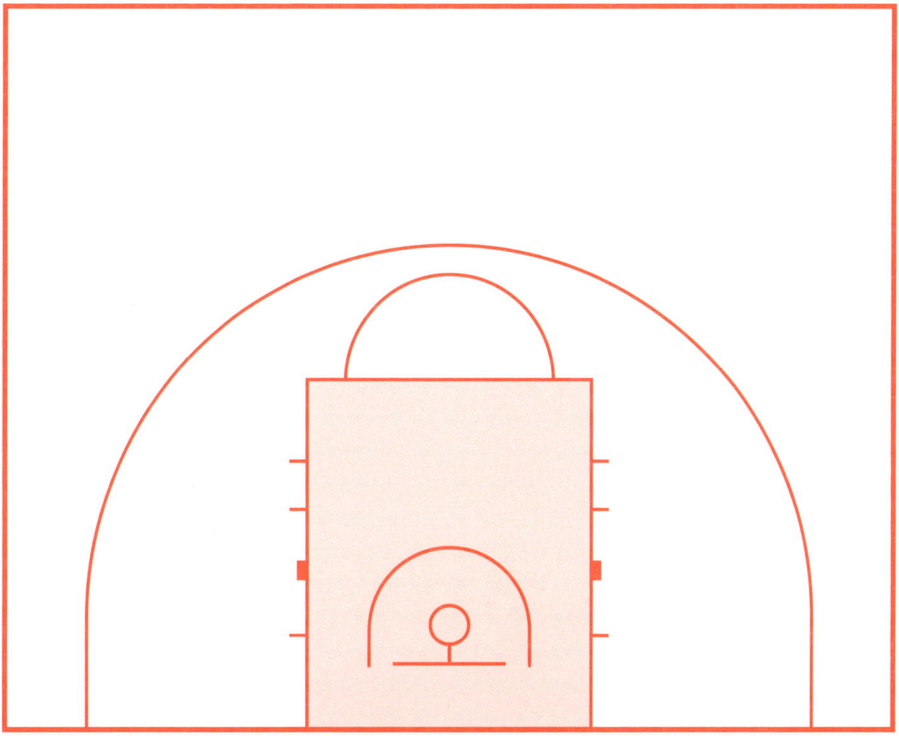

하프코트 작전노트

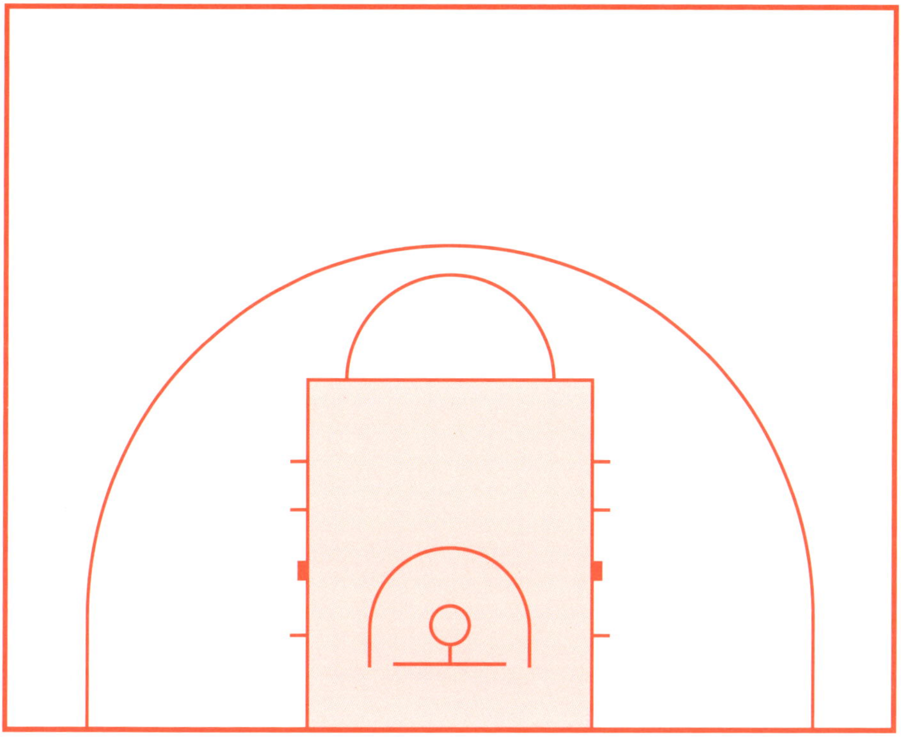

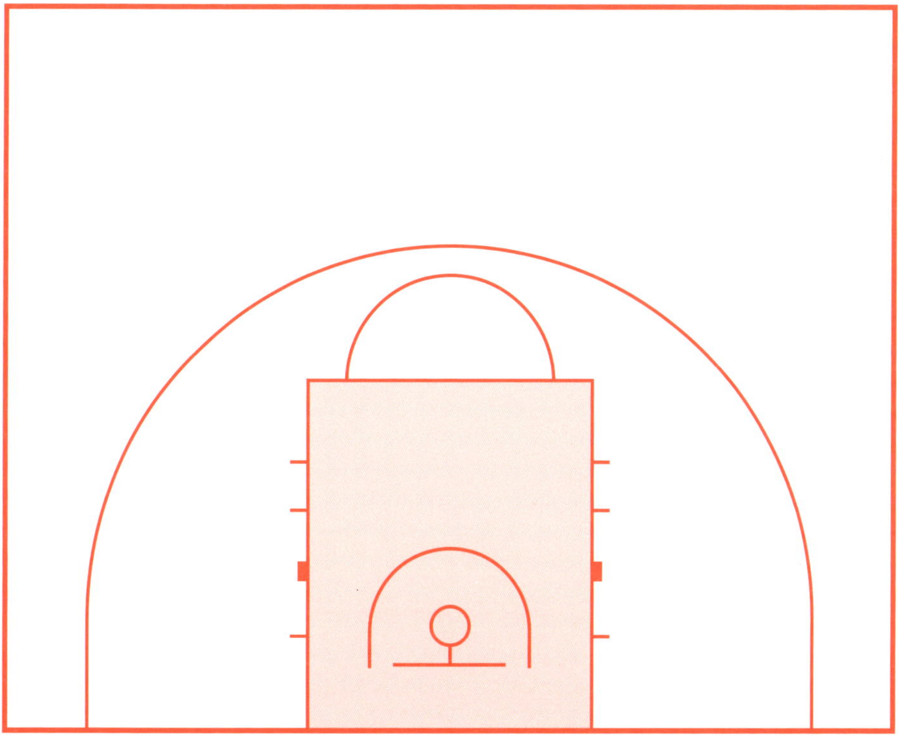

하프코트 작전노트

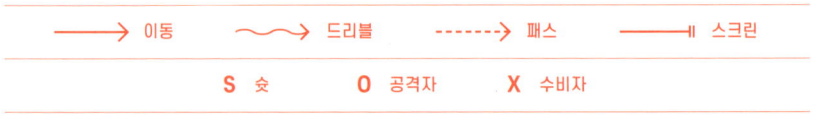

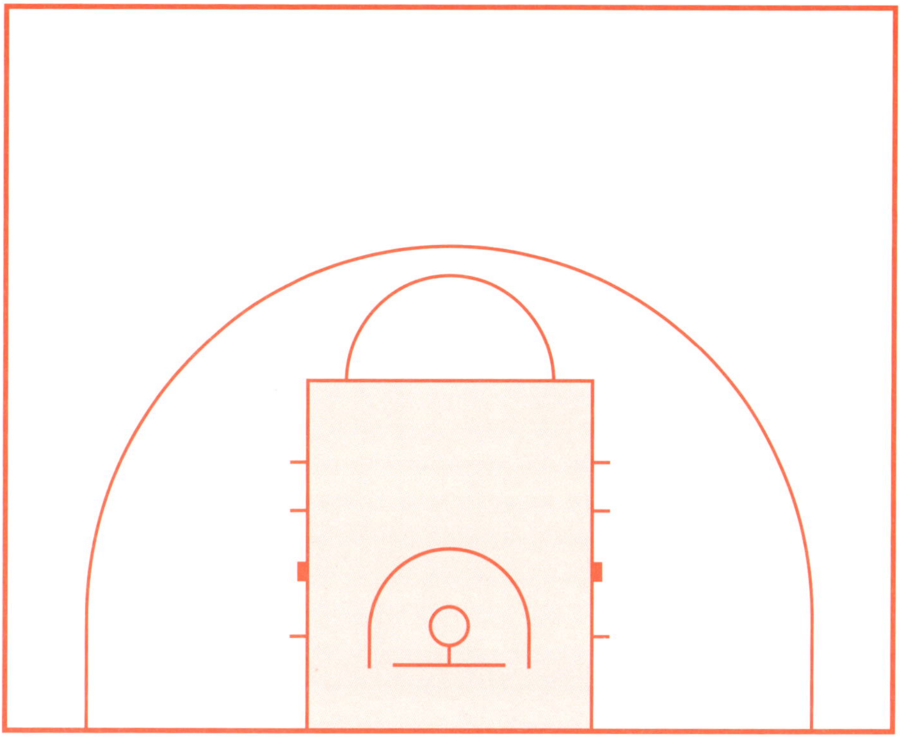

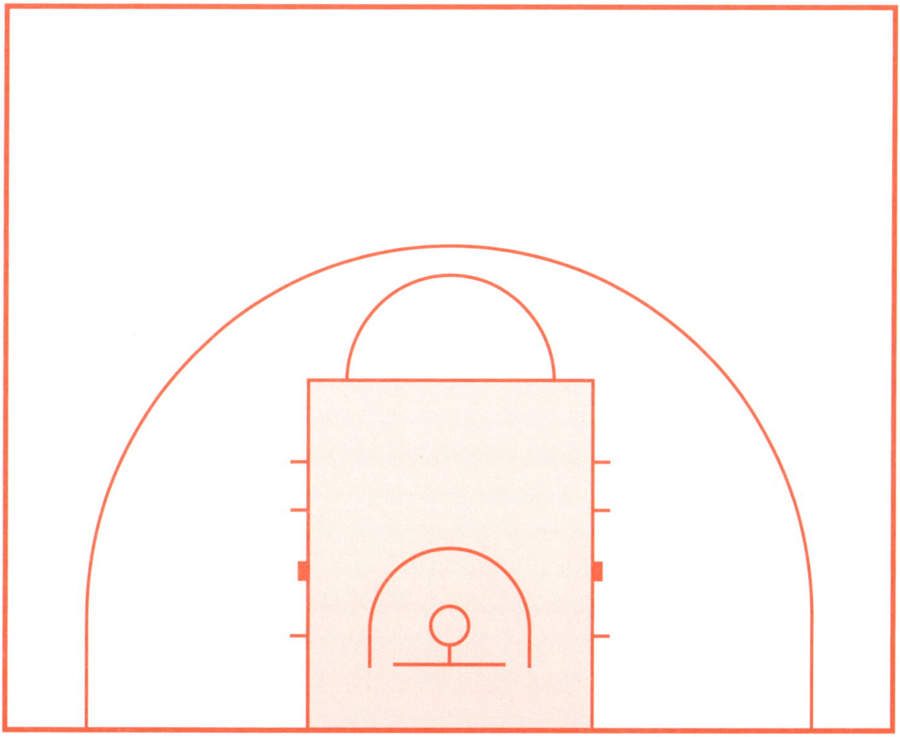

하프코트 작전노트

———→ 이동   ～→ 드리블   ------→ 패스   ———⊣ 스크린

S 슛   **O** 공격자   **X** 수비자

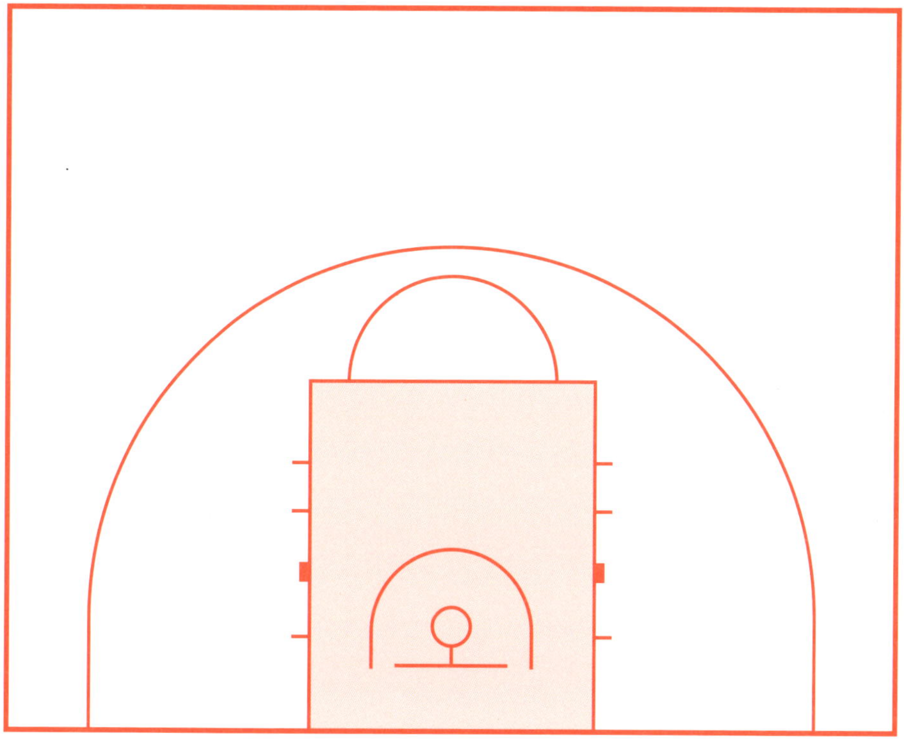

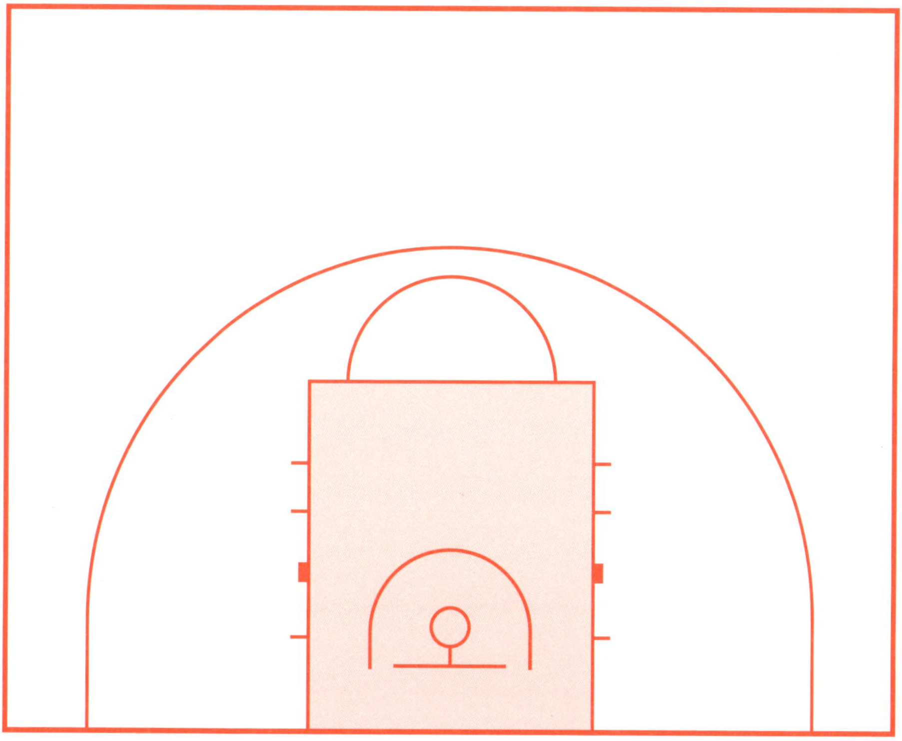

하프코트 작전노트

→ 이동　　～→ 드리블　　------> 패스　　──┤ 스크린

S 슛　　**O** 공격자　　**X** 수비자

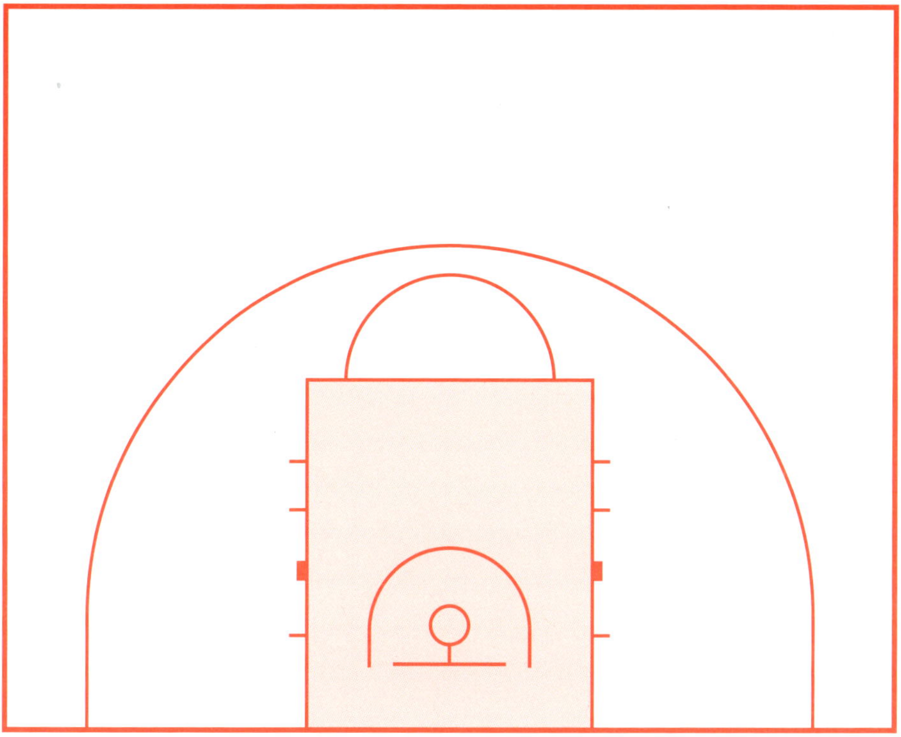

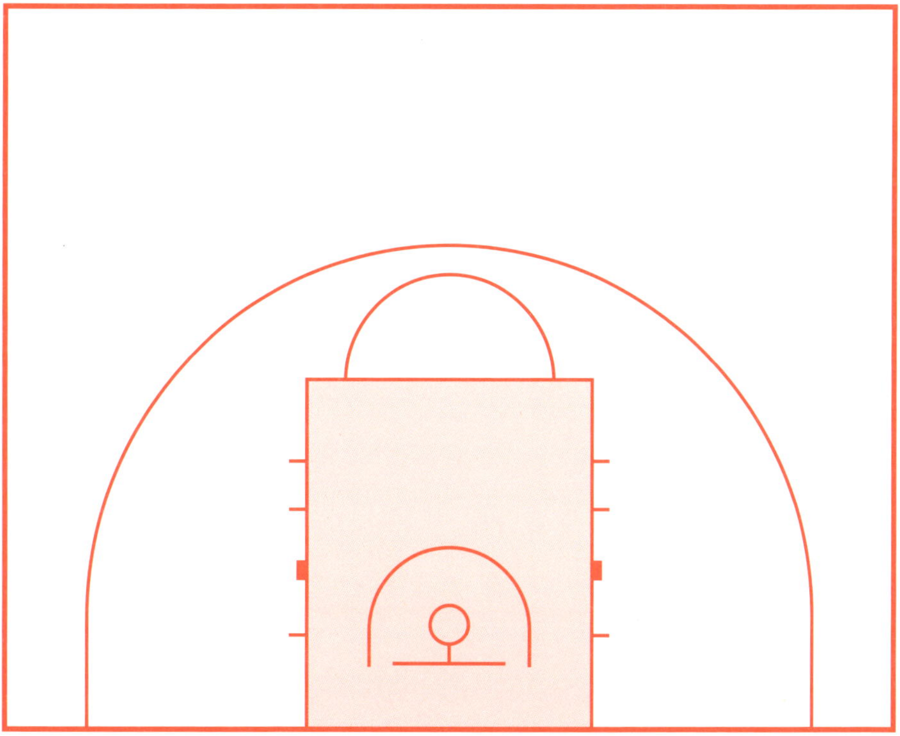

하프코트 작전노트

———→ 이동   ～～→ 드리블   ------→ 패스   ———┤ 스크린

S 슛   **O** 공격자   **X** 수비자

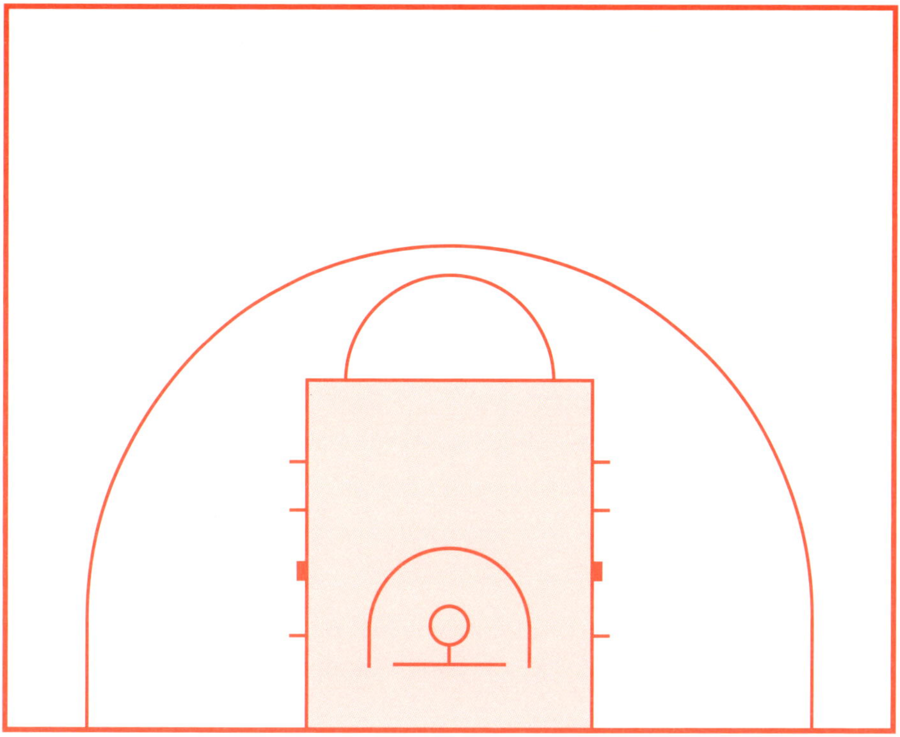

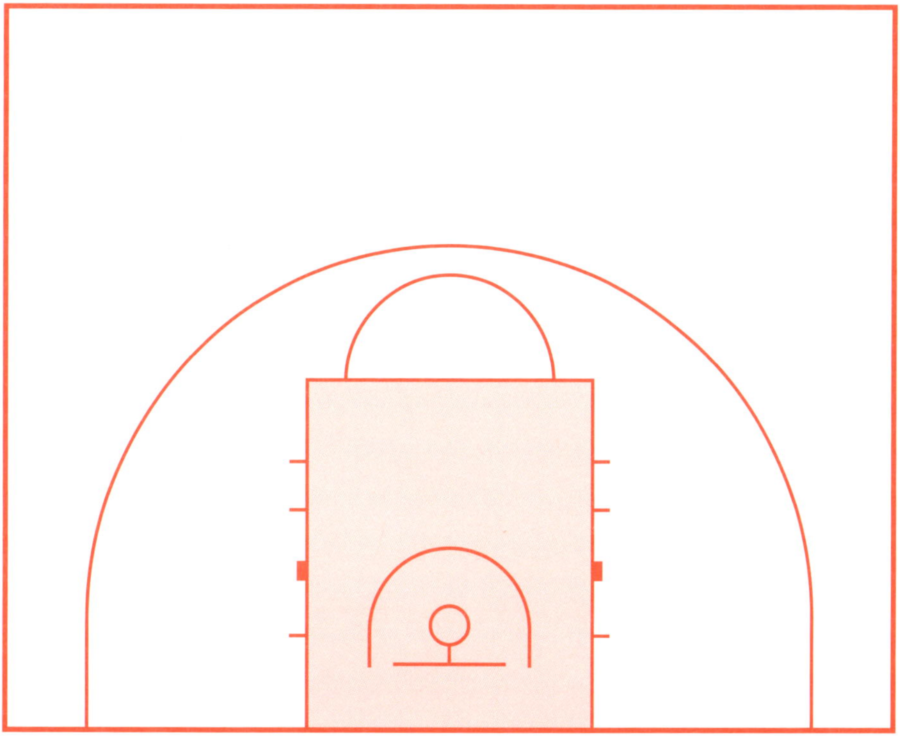

하프코트 작전노트

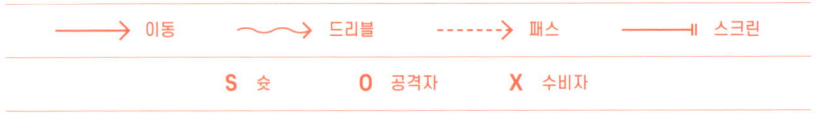

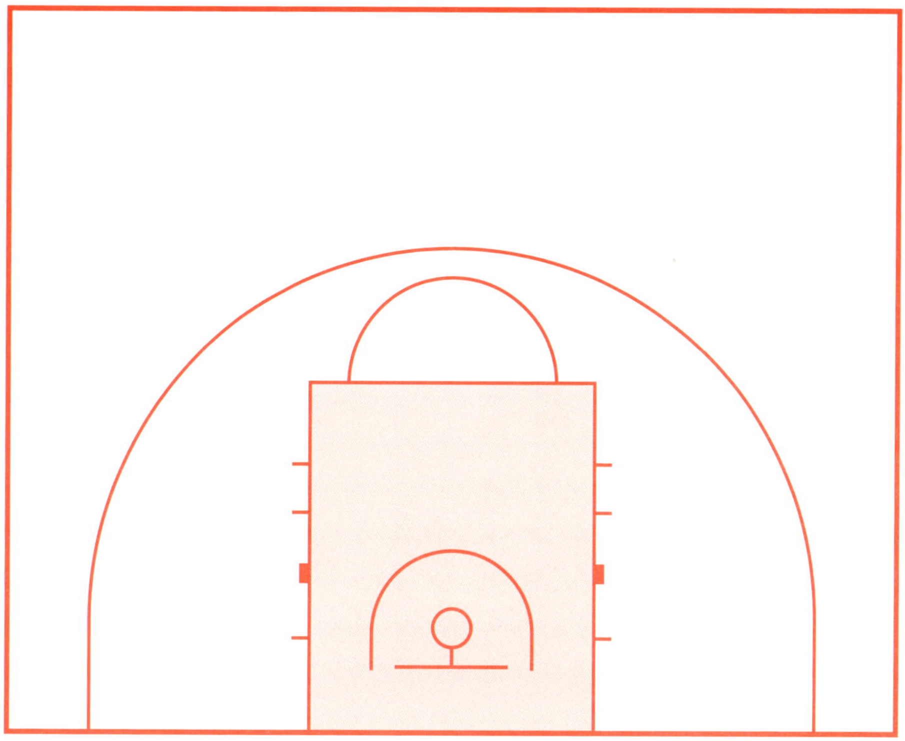

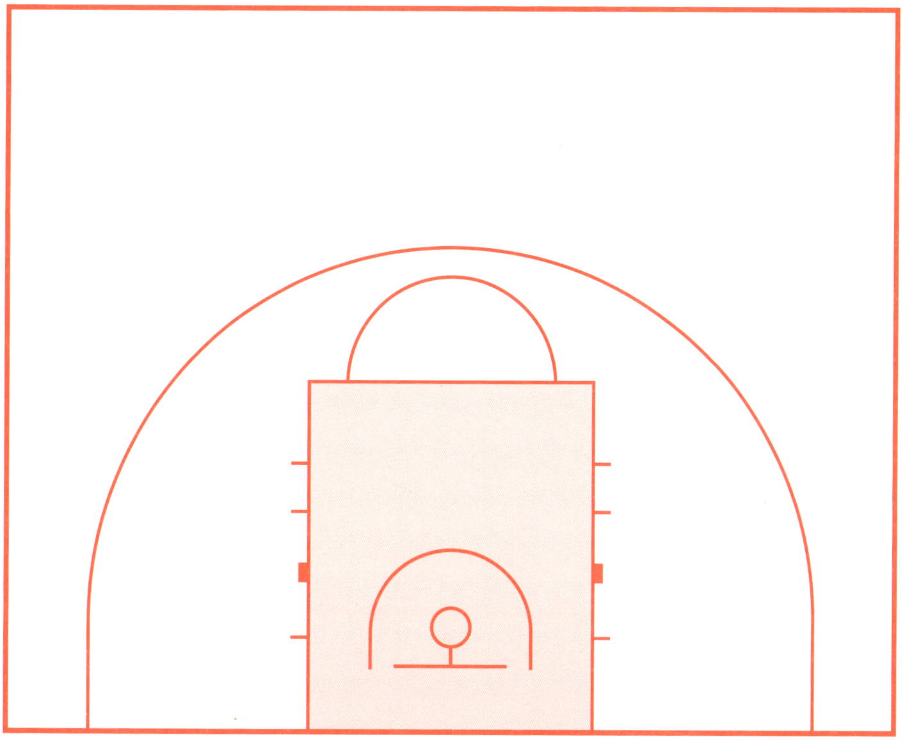

하프코트 작전노트

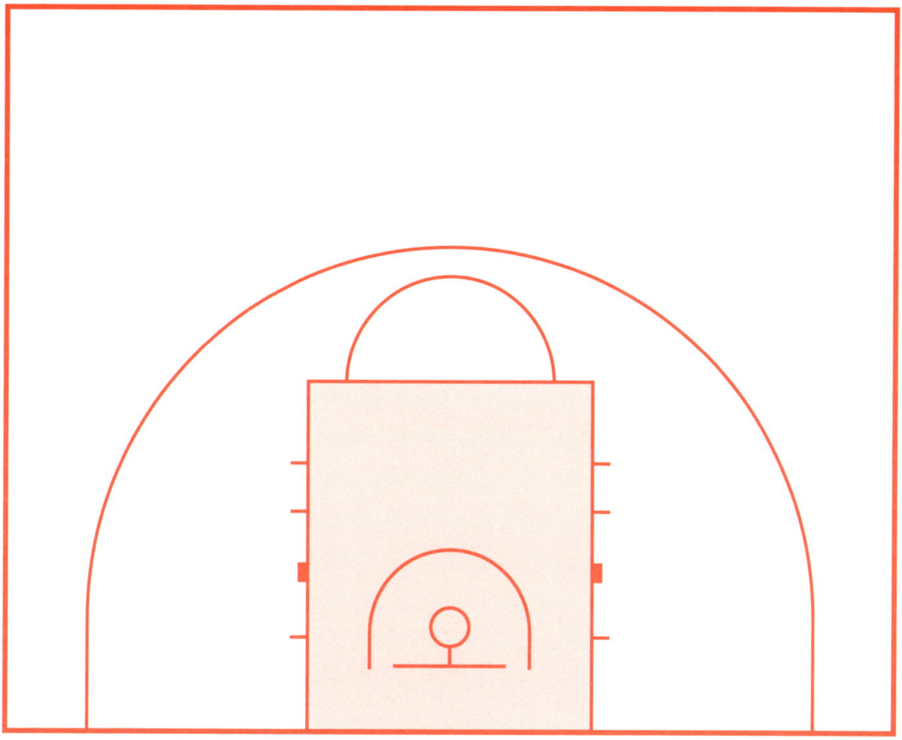

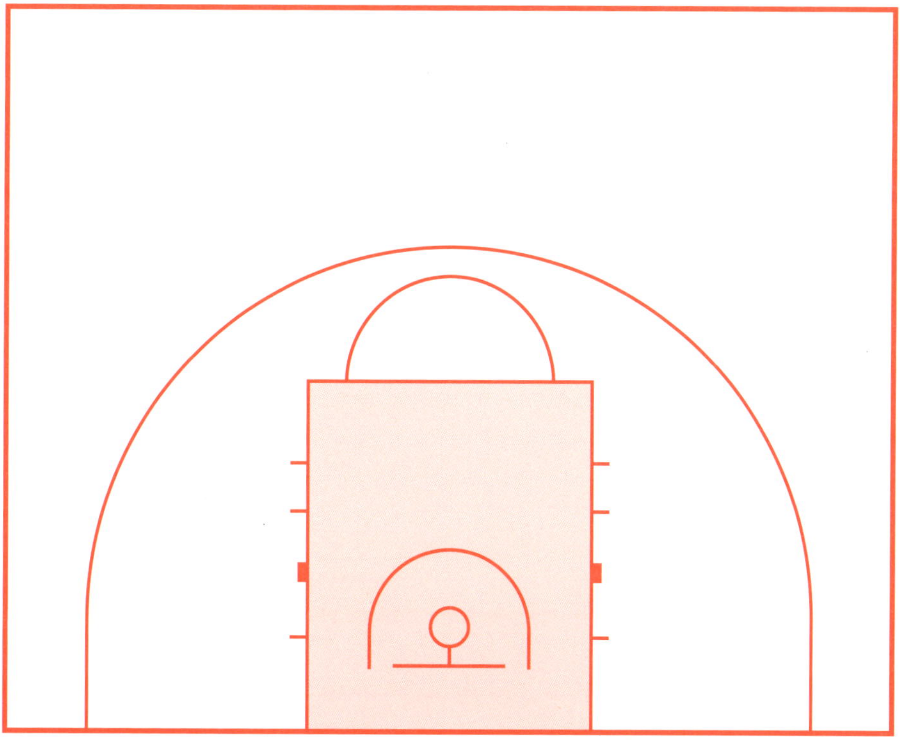

하프코트 작전노트

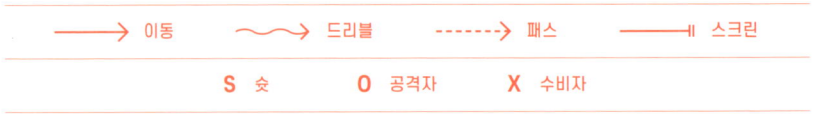

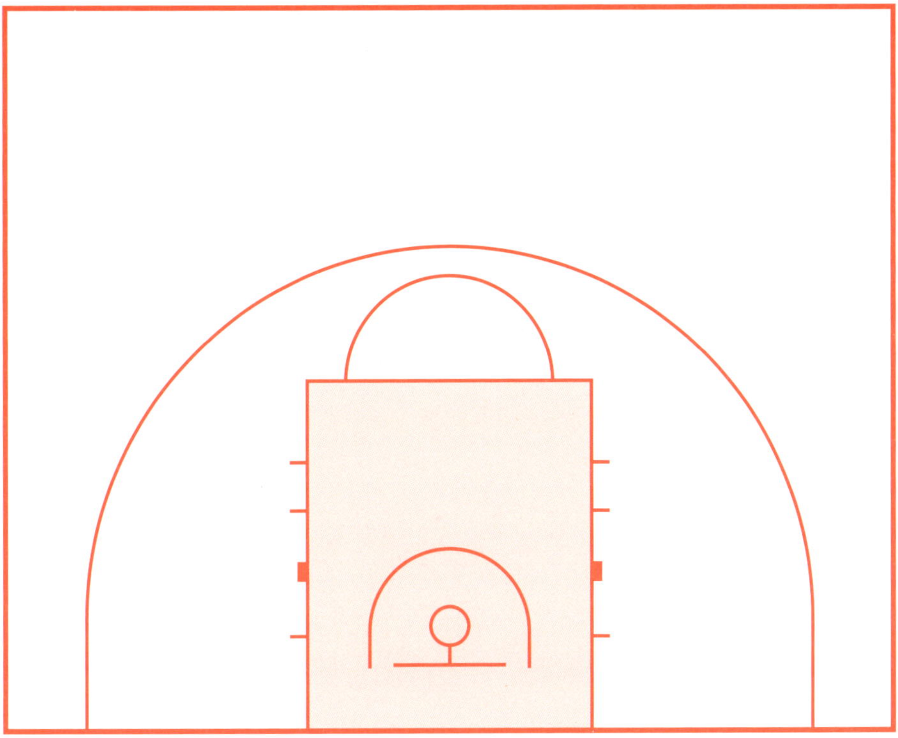

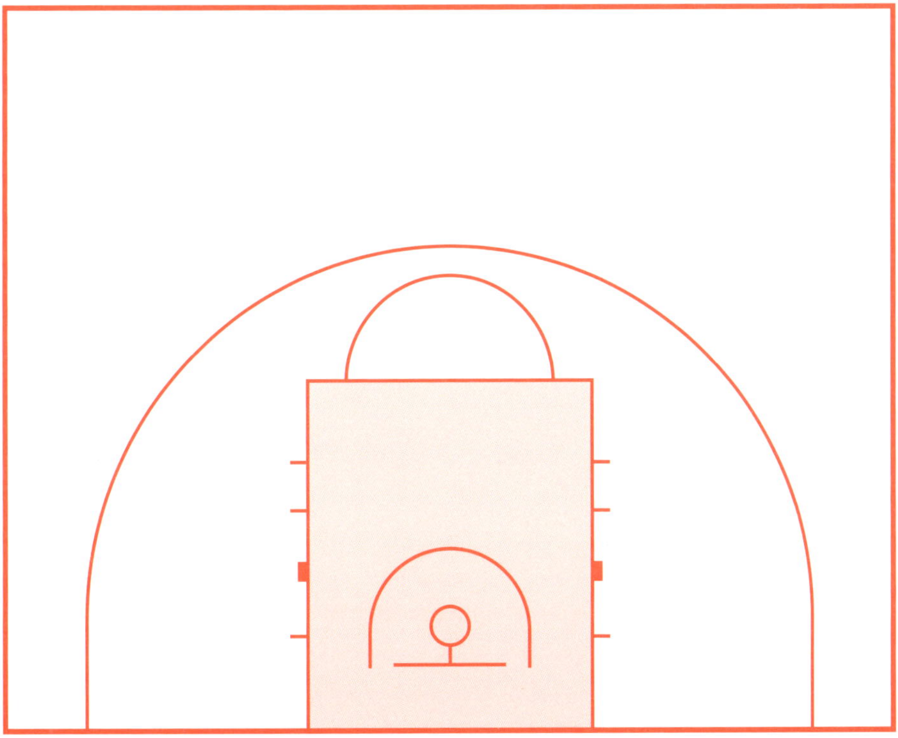

훈련일지 예시

운동내용 기록

내용	개수	세트
런닝	20분	1
V 드리블	50	3
왼손 러닝 레이업	10	3

운동시 감정 기록 운동을 하면서 나의 감정이 어떠했는지 적어보세요. 무엇을 생각하면서 운동했는지, 어떤 느낌이었는지.

컨디션이 너무 좋아서 몸이 가벼웠다.
드리블은 직각을 기준으로 위, 아래로 하라고 했어
오늘 잘 했어.

이미지 트레이닝

부정적인 생각보다 긍정적인 생각을 하세요.
비하인드 백 드리블을 해야 하는데 잘 안 될 때, 성공하는 모습을 반복해서 그려본다.

컨디션 점수

나에게 칭찬 한마디

오늘 하루 잘 견디고 수고했어

훈련일지

202 .   .   .   요일

운동내용 기록

내용	개수	세트

운동시 감정 기록 운동을 하면서 나의 감정이 어떠했는지 적어보세요. 무엇을 생각하면서 운동했는지, 어떤 느낌이었는지

이미지 트레이닝

컨디션 점수

0 1 2 3 4 5 6 7 8 9 10

나에게 칭찬 한마디

훈련일지

202 .   .   .   요일

운동내용 기록

내용	개수	세트

운동시 감정 기록
운동을 하면서 나의 감정이 어떠했는지 적어보세요. 무엇을 생각하면서 운동했는지, 어떤 느낌이었는지

이미지 트레이닝

컨디션 점수

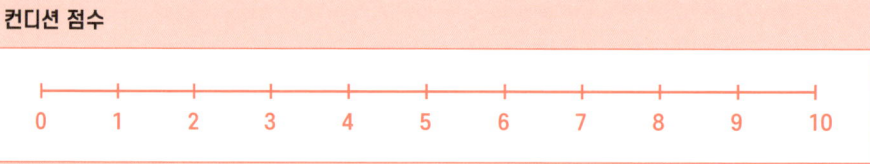

0   1   2   3   4   5   6   7   8   9   10

나에게 칭찬 한마디

훈련일지

202 . . .   요일

운동내용 기록

내용	개수	세트

운동시 감정 기록   운동을 하면서 나의 감정이 어떠했는지 적어보세요. 무엇을 생각하면서 운동했는지, 어떤 느낌이었는지

이미지 트레이닝

컨디션 점수

나에게 칭찬 한마디

훈련일지

202 . . .   요일

운동내용 기록

내용	개수	세트

운동시 감정 기록   운동을 하면서 나의 감정이 어떠했는지 적어보세요. 무엇을 생각하면서 운동했는지, 어떤 느낌이었는지

이미지 트레이닝

컨디션 점수

0   1   2   3   4   5   6   7   8   9   10

나에게 칭찬 한마디

훈련일지

202 .   .   .   요일

운동내용 기록

내용	개수	세트

운동시 감정 기록
운동을 하면서 나의 감정이 어떠했는지 적어보세요. 무엇을 생각하면서 운동했는지, 어떤 느낌이었는지

이미지 트레이닝

컨디션 점수

0   1   2   3   4   5   6   7   8   9   10

나에게 칭찬 한마디

훈련일지

202 .   .   .   요일

운동내용 기록

내용	개수	세트

운동시 감정 기록
운동을 하면서 나의 감정이 어떠했는지 적어보세요. 무엇을 생각하면서 운동했는지, 어떤 느낌이었는지

이미지 트레이닝

컨디션 점수

나에게 칭찬 한마디

훈 련 일 지

202 .   .   .   요일

운동내용 기록

내용	개수	세트

운동시 감정 기록
운동을 하면서 나의 감정이 어떠했는지 적어보세요. 무엇을 생각하면서 운동했는지, 어떤 느낌이었는지

이미지 트레이닝

컨디션 점수

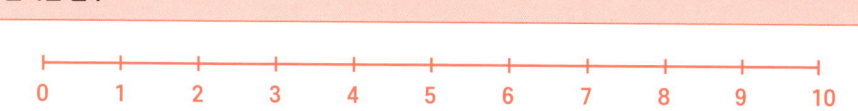

0   1   2   3   4   5   6   7   8   9   10

나에게 칭찬 한마디

훈련일지

202 . . .   요일

운동내용 기록

내용	개수	세트

운동시 감정 기록
운동을 하면서 나의 감정이 어떠했는지 적어보세요. 무엇을 생각하면서 운동했는지, 어떤 느낌이었는지

이미지 트레이닝

컨디션 점수

0 1 2 3 4 5 6 7 8 9 10

나에게 칭찬 한마디

훈련일지

202 . . .   요일

운동내용 기록

내용	개수	세트

운동시 감정 기록
운동을 하면서 나의 감정이 어떠했는지 적어보세요. 무엇을 생각하면서 운동했는지, 어떤 느낌이었는지

이미지 트레이닝

컨디션 점수

0 1 2 3 4 5 6 7 8 9 10

나에게 칭찬 한마디

훈련일지

202 . . . 요일

운동내용 기록

내용	개수	세트

운동시 감정 기록
운동을 하면서 나의 감정이 어떠했는지 적어보세요. 무엇을 생각하면서 운동했는지, 어떤 느낌이었는지

이미지 트레이닝

컨디션 점수

0   1   2   3   4   5   6   7   8   9   10

나에게 칭찬 한마디

훈련일지

202 . . .   요일

운동내용 기록

내용	개수	세트

운동시 감정 기록
운동을 하면서 나의 감정이 어떠했는지 적어보세요. 무엇을 생각하면서 운동했는지, 어떤 느낌이었는지

이미지 트레이닝

컨디션 점수

0 1 2 3 4 5 6 7 8 9 10

나에게 칭찬 한마디

훈련일지

202 .   .   .   요일

운동내용 기록

내용	개수	세트

운동시 감정 기록 운동을 하면서 나의 감정이 어떠했는지 적어보세요. 무엇을 생각하면서 운동했는지, 어떤 느낌이었는지

이미지 트레이닝

컨디션 점수

0   1   2   3   4   5   6   7   8   9   10

나에게 칭찬 한마디

훈련일지

202 . . .   요일

운동내용 기록

내용	개수	세트

운동시 감정 기록 운동을 하면서 나의 감정이 어떠했는지 적어보세요. 무엇을 생각하면서 운동했는지, 어떤 느낌이었는지

이미지 트레이닝

컨디션 점수

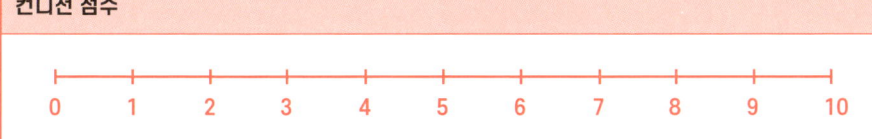

나에게 칭찬 한마디

훈련일지

202 .   .   .   요일

운동내용 기록

내용	개수	세트

운동시 감정 기록
운동을 하면서 나의 감정이 어떠했는지 적어보세요. 무엇을 생각하면서 운동했는지, 어떤 느낌이었는지

이미지 트레이닝

컨디션 점수

0   1   2   3   4   5   6   7   8   9   10

나에게 칭찬 한마디

훈련일지

202 . . .   요일

운동내용 기록

내용	개수	세트

운동시 감정 기록
운동을 하면서 나의 감정이 어떠했는지 적어보세요. 무엇을 생각하면서 운동했는지, 어떤 느낌이었는지

이미지 트레이닝

컨디션 점수

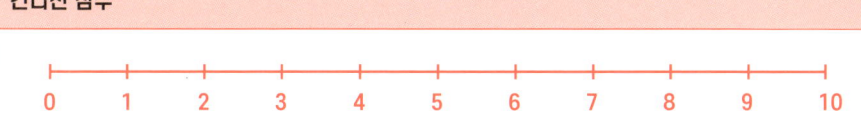

0 1 2 3 4 5 6 7 8 9 10

나에게 칭찬 한마디

훈련일지

202 .   .   .   요일

운동내용 기록

내용	개수	세트

운동시 감정 기록   운동을 하면서 나의 감정이 어떠했는지 적어보세요. 무엇을 생각하면서 운동했는지, 어떤 느낌이었는지

이미지 트레이닝

컨디션 점수

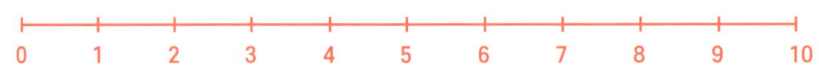

0   1   2   3   4   5   6   7   8   9   10

나에게 칭찬 한마디

훈련일지

202 .   .   .   요일

운동내용 기록

내용	개수	세트

운동시 감정 기록   운동을 하면서 나의 감정이 어떠했는지 적어보세요. 무엇을 생각하면서 운동했는지, 어떤 느낌이었는지

이미지 트레이닝

컨디션 점수

0   1   2   3   4   5   6   7   8   9   10

나에게 칭찬 한마디

훈련일지

202 . . .   요일

운동내용 기록

내용	개수	세트

운동시 감정 기록   운동을 하면서 나의 감정이 어떠했는지 적어보세요. 무엇을 생각하면서 운동했는지, 어떤 느낌이었는지

이미지 트레이닝

컨디션 점수

0   1   2   3   4   5   6   7   8   9   10

나에게 칭찬 한마디

훈련일지

202 . . .   요일

운동내용 기록

내용	개수	세트

운동시 감정 기록
운동을 하면서 나의 감정이 어떠했는지 적어보세요. 무엇을 생각하면서 운동했는지, 어떤 느낌이었는지

이미지 트레이닝

컨디션 점수

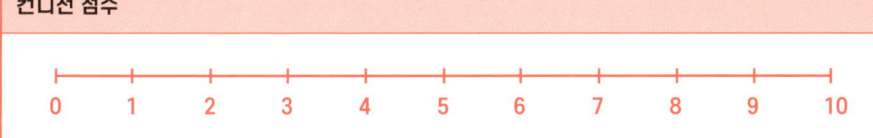

0   1   2   3   4   5   6   7   8   9   10

나에게 칭찬 한마디

훈련일지

202 . . .   요일

운동내용 기록

내용	개수	세트

운동시 감정 기록
운동을 하면서 나의 감정이 어떠했는지 적어보세요. 무엇을 생각하면서 운동했는지, 어떤 느낌이었는지

이미지 트레이닝

컨디션 점수

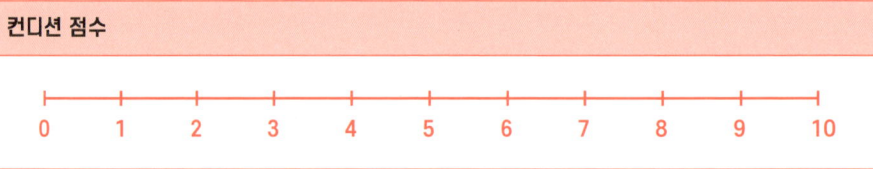

0   1   2   3   4   5   6   7   8   9   10

나에게 칭찬 한마디

훈련일지

202 .   .   .   요일

운동내용 기록

내용	개수	세트

운동시 감정 기록
운동을 하면서 나의 감정이 어떠했는지 적어보세요. 무엇을 생각하면서 운동했는지, 어떤 느낌이었는지

이미지 트레이닝

컨디션 점수

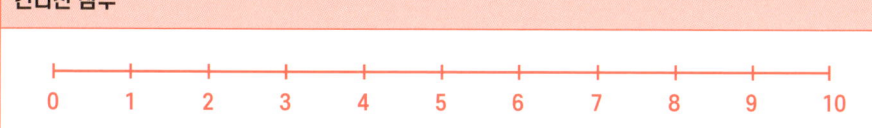

0   1   2   3   4   5   6   7   8   9   10

나에게 칭찬 한마디

훈련일지

202 .   .   .   요일

운동내용 기록

내용	개수	세트

운동시 감정 기록
운동을 하면서 나의 감정이 어떠했는지 적어보세요. 무엇을 생각하면서 운동했는지, 어떤 느낌이었는지

이미지 트레이닝

컨디션 점수

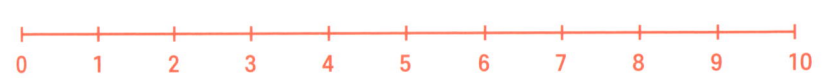

0   1   2   3   4   5   6   7   8   9   10

나에게 칭찬 한마디

훈련일지

202 . . .   요일

운동내용 기록

내용	개수	세트

운동시 감정 기록 운동을 하면서 나의 감정이 어떠했는지 적어보세요. 무엇을 생각하면서 운동했는지, 어떤 느낌이었는지

이미지 트레이닝

컨디션 점수

0 1 2 3 4 5 6 7 8 9 10

나에게 칭찬 한마디

훈련일지

202 . . .   요일

운동내용 기록

내용	개수	세트

운동시 감정 기록
운동을 하면서 나의 감정이 어떠했는지 적어보세요. 무엇을 생각하면서 운동했는지, 어떤 느낌이었는지

이미지 트레이닝

컨디션 점수

0 1 2 3 4 5 6 7 8 9 10

나에게 칭찬 한마디

훈 련 일 지

202 . . . 요일

운동내용 기록

내용	개수	세트

운동시 감정 기록
운동을 하면서 나의 감정이 어떠했는지 적어보세요. 무엇을 생각하면서 운동했는지, 어떤 느낌이었는지

이미지 트레이닝

컨디션 점수

0　1　2　3　4　5　6　7　8　9　10

나에게 칭찬 한마디

훈련일지

202 . . .   요일

운동내용 기록

내용	개수	세트

운동시 감정 기록
운동을 하면서 나의 감정이 어떠했는지 적어보세요. 무엇을 생각하면서 운동했는지, 어떤 느낌이었는지

이미지 트레이닝

컨디션 점수

0   1   2   3   4   5   6   7   8   9   10

나에게 칭찬 한마디

훈련일지

202 . . .   요일

운동내용 기록

내용	개수	세트

운동시 감정 기록
운동을 하면서 나의 감정이 어떠했는지 적어보세요. 무엇을 생각하면서 운동했는지, 어떤 느낌이었는지

이미지 트레이닝

컨디션 점수

0 1 2 3 4 5 6 7 8 9 10

나에게 칭찬 한마디

훈련일지

202 . . .   요일

운동내용 기록

내용	개수	세트

운동시 감정 기록
운동을 하면서 나의 감정이 어떠했는지 적어보세요. 무엇을 생각하면서 운동했는지, 어떤 느낌이었는지

이미지 트레이닝

컨디션 점수

0 1 2 3 4 5 6 7 8 9 10

나에게 칭찬 한마디

훈련일지

202 .   .   .   요일

운동내용 기록

내용	개수	세트

운동시 감정 기록 운동을 하면서 나의 감정이 어떠했는지 적어보세요. 무엇을 생각하면서 운동했는지, 어떤 느낌이었는지

이미지 트레이닝

컨디션 점수

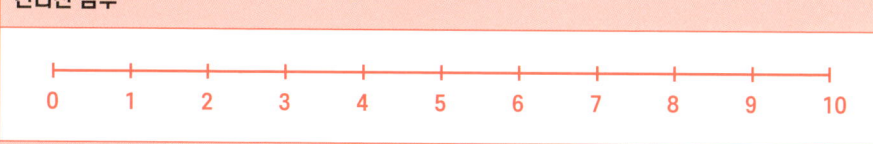

0   1   2   3   4   5   6   7   8   9   10

나에게 칭찬 한마디

훈련일지

202 . . .   요일

운동내용 기록

내용	개수	세트

운동시 감정 기록
운동을 하면서 나의 감정이 어떠했는지 적어보세요. 무엇을 생각하면서 운동했는지, 어떤 느낌이었는지

이미지 트레이닝

컨디션 점수

0 1 2 3 4 5 6 7 8 9 10

나에게 칭찬 한마디

훈련일지

202 .   .   .   요일

운동내용 기록

내용	개수	세트

운동시 감정 기록
운동을 하면서 나의 감정이 어떠했는지 적어보세요. 무엇을 생각하면서 운동했는지, 어떤 느낌이었는지

이미지 트레이닝

컨디션 점수

0   1   2   3   4   5   6   7   8   9   10

나에게 칭찬 한마디

MY FIRST BOOK OF **BASKETBALL**
나의 첫 번째 **농구책**

초심자를 위한 **농구가이드**

초판 1쇄 발행 2020년 7월 1일

지은이 양희연
펴낸이 정지원
편집 정지원
교정교열 강지웅
사진 서지민
디자인 디오브젝트

펴낸곳 노사이드랩
주소 서울시 마포구 독막로126-1, 3층
홈페이지 www.nosidelab.com
이메일 nosidelab@gmail.com
출판 등록 2019년 4월 29일 (제2020-000022호)

ISBN 979-11-966994-2-0

* 이 책은 저작권법에 따라 보호를 받는 저작물이므로 무단전재와 무단복제를 금합니다.